简·奥斯汀和她的英格兰

19世纪英国社会图景

[英] 海伦·艾米—著　王雨芙—译

壹书客

陕西新華出版　陕西人民出版社

图书在版编目（CIP）数据

简·奥斯汀和她的英格兰：19世纪英国社会图景 / (英)海伦·艾米(Helen Amy)著；王雨芙译．-- 西安：陕西人民出版社，2023.6

ISBN 978-7-224-14948-7

Ⅰ．①简… Ⅱ．①海… ②王… Ⅲ．①社会生活—历史—英国—19世纪 Ⅳ．① K561.42

中国国家版本馆 CIP 数据核字（2023）第 094754 号

著作权合同登记号：25-2023-182

简·奥斯汀和她的英格兰：19世纪英国社会图景

JIAN AOSITING HE TA DE YINGGELAN：19 SHIJI YINGGUO SHEHUI TUJING

作　　者　[英]海伦·艾米

译　　者　王雨芙

出版发行　陕西人民出版社

（西安市北大街 147 号　邮编：710003）

印　　刷　陕西隆昌印刷有限公司

开　　本　889 毫米 ×1194 毫米　1/32

印　　张　9.75

字　　数　98 千字

版　　次　2023 年 6 月第 1 版

印　　次　2023 年 6 月第 1 次印刷

书　　号　ISBN 978-7-224-14948-7

定　　价　79.80 元

如有印装质量问题，请与本社联系调换。电话：029-87205094

J a n e   A u s t e n

简介

INTRODUCTION

简·奥斯汀（Jane Austen）于 1775 年 12 月 16 日出生在汉普郡[1]（Hampshire）的北边地区，她的父亲是一位乡村牧师，当时是乔治三世统治时期[2]（George III）。41 年后，简于乔治三世之子乔治四世摄政时期[3]（George IV）去世。

在简·奥斯汀生活的年代，英格兰处于等级社会，也是父权社会。在这种社会中，人人都清楚自己所处的地位，而女性依赖于男性，被视为二等公民。各种极端状况在这个国度处处可见：巨大的财富与极度的贫穷形成鲜明对比；高雅与肮脏同时存在；和平、谨守规则与暴力、犯罪、野蛮行径相互交织；肤浅的行为准则、表面良好的举止与私下滥交、败德和酗酒都随处可见。

这是迅速变化的时代，旧规则受到多方面的挑战。尽管农村地区仍占据大片土地，但整个国家已开始逐渐从农业社会转变为工业社会。与此同时，一个全新的男性阶层开始出现，他们的财富来自贸易和工业；旧的恩赐制度正在被新的精英制度所取代，也就是说，人们的财富不只继承于祖辈。英国国教[4]

---

[1] 汉普郡，英格兰东南部的郡。

[2] 乔治三世统治时期，1760 年至 1820 年。

[3] 乔治四世摄政时期，1811 年至 1820 年。1811 年至 1820 年，乔治四世因父亲乔治三世精神失常而出任摄政王，1820 年 1 月 29 日起继承父亲之位，成为大不列颠及爱尔兰联合国王及汉诺威国王，至 1830 年。

[4] 英国国教，是基督新教三个原始宗派之一。简·奥斯汀的父亲就是英国国教的牧师。

（Anglicanism）受到了卫理公会[1]（Methodism）的挑战，为教会服务逐渐成为一种职业。在海峡对岸的法国大革命[2]（French Revolution）以及社会和工业剧烈动荡的影响下，英国社会各界不满的呼声越来越大。

这是国家大踏步前进的时期，尤其在农业技术和科学发现方面。尽管英国失去了北美殖民地，但其贸易市场仍在不断扩大，直至东、西印度，中国和加拿大。

在此期间，英格兰与数个国家交战，但战争距人们生活的地区相对遥远。简·奥斯汀的两个兄弟在海军中服役，因此，相比而言，她受到的战争影响大于多数人，但宁静的英国乡村基本上没有受到战争的干扰。

这本书探索居住在英格兰的简·奥斯汀的日常生活，还有她的六本小说如何反映这一时期人们的社会生活。本书从简·奥斯汀熟悉的地理区域入手，探究哪些事情曾影响了她与周围的人，以及时世与国家大事如何影响了她的一生。

---

[1] 卫理公会，是基督教新教卫斯理宗的美以美会、坚理会和美普会合并而成的基督教教会。由英国的约翰·卫斯理（John Wesley，1703—1791）创立。

[2] 法国大革命，又称法国资产阶级革命，于 1789 年 7 月 14 日在法国爆发。

目录

CONTENTS

01

奥斯汀一家

在我祖母的门上可能刻着这样的文字：看呐，兄弟和睦同居是何等的善，何等的美！

——卡罗琳·奥斯汀（Caroline Austen），《我的姑姑简·奥斯汀》（1867）

乔治（George）和卡桑德拉·奥斯汀（Cassandra Austen）

简·奥斯汀是乔治·奥斯汀（George Austen）和他的妻子卡桑德拉（Cassandra）的第七个孩子，其祖先可以追溯到肯特[1]（Kent）的坦特登（Tenterden）和赛文欧克斯（Sevenoaks）地区的富裕的服装店主和地主，但随着时代的变化，整个家族开始走向没落，因此简·奥斯汀的家庭并不富裕。

1731 年，次子乔治出生在外科医生威廉·奥斯汀（William Austen）和他的妻子丽贝卡（Rebecca）的家中。富有的叔叔弗朗西斯·奥斯汀（Francis Austen）在乔治的父母去世后便

[1] 肯特，即肯特郡，是英国英格兰东南部的一个郡。

承担起了抚养乔治和他的两个姐姐的责任。乔治被送到汤布里奇学校[1]（Tonbridge School）接受教育，随后获得了牛津[2]（Oxford）圣约翰学院[3]（St John's College）的公开奖学金以及三个学位。1758年，乔治被任命为牧师，他的第一份神职工作是在肯特郡的希伯恩（Shipbourne）担任副牧师。六年后，他在巴斯[4]（Bath）的沃尔科特教堂（Walcot Church）娶了卡桑德拉·利（Cassandra Leigh）。

1737年，卡桑德拉出生在牛津郡[5]（Oxfordshire）汉普斯登（Harpsden）的牧师托马斯·利（Thomas Leigh）的家中（与沃里克郡[6]（Warwickshire）斯通利修道院（Stoneleigh Abbey）的贵族利斯家族有着血缘关系）。

卡桑德拉嫁给乔治后，他们定居在汉普郡的迪恩（Deane）。乔治·奥斯汀在远房表亲托马斯·奈特（Thomas Knight）的介绍下，成为附近史蒂文顿（Steventon）教区的牧师长。几年后，乔治的叔叔弗朗西斯又为他谋取到了在迪恩

---

[1] 汤布里奇学校，肯特郡的私立中学。由安德鲁爵士在1553年创办，占地约150英亩。

[2] 牛津，牛津大学的简称。位于英国牛津。牛津大学的具体建校时间已不可考，但有档案明确记载的最早的授课时间为1096年，之后在1167年因得到了英国皇室的大力支持而快速发展。

[3] 圣约翰学院，牛津大学的学院之一。1555年，由商人托马斯·怀特爵士（Sir Thomas White）创建。

[4] 巴斯，英国城市，位于英格兰埃文郡东部。

[5] 牛津郡，英国东南部的郡。

[6] 沃里克郡，英国英格兰西米德兰兹的郡，沃里克是郡治。

的生活来源。

奥斯汀家在 1765 年到 1779 年间，一共生了八个孩子：詹姆斯（James）、乔治（George）、爱德华（Edward）、亨利（Henry）、卡桑德拉（Cassandra）、弗朗西斯（Francis）、简（Jane）和查尔斯（Charles）。不幸的是，他们的第二个孩子乔治，患有癫痫病和其他残疾；因此，他不能和家人生活在一起。在奥斯汀家的经济支持下，他被安排到蒙克·舍伯恩村（Monk Sherborne）的一个家庭中。也正因如此，他未能真正融入奥斯汀家。

1768 年，在托马斯·奈特的帮助下，奥斯汀一家搬到史蒂文顿教区。乔治·奥斯汀在附近的干酪农场耕种，还带着自己的孩子一起辅导当地贵族和绅士的几个儿子，以此补充自己的津贴。他的妻子则照顾着在寄宿教区的家人和他的学生，同时处理着家里的其他大小事务。威廉（William）和理查德·亚瑟·奥斯汀－利（Richard Arthur Austen-Leigh）在他们的《简·奥斯汀家庭记录》（*Jane Austen, A Family Record*）一书中写道：

> 如果一个人的所有品质可以被拆分开，人们会认为简·奥斯汀从她的父亲那里学到了镇定的心态、优雅的智慧和精细的风格鉴赏能力，而她的母亲给予了她对性格的敏锐观察的能力和风趣幽默的说话方式。

1801 年，乔治 · 奥斯汀决定退休，并与妻子和女儿搬到巴斯。在巴斯生活的一年时间中，小奥斯汀们的舅舅詹姆斯 · 利 - 佩罗特（James Leigh-Perrot）和舅妈简（Jane）逐渐成为他们家庭的一部分。简和卡桑德拉由于是未婚女性，在经济上还依赖于家庭。在她们的兄弟都可以养活自己的时候，她们却不得不留在父母身边。

1805 年 1 月，乔治 · 奥斯汀突然离世，享年 73 岁。他被埋葬在巴斯的沃尔科特教堂的地穴中。1806 年 7 月，由于奥斯汀夫人无法独自负担在巴斯的生活了，她随同女儿们和玛莎 · 劳埃德（Martha Lloyd）搬到南安普敦[1]（Southampton），与简的哥哥弗兰克和他的妻子玛丽（Mary）住在了一起。

1809 年，奥斯汀夫人再次搬迁，这次他们到了汉普郡的查顿（Chawton），住在简的哥哥爱德华的家中。奥斯汀夫人在接下来的日子都生活在这所房子里。她于 1827 年去世，享年 88 岁，被安葬在查顿的圣尼古拉斯教堂（St Nicholas

[1] 南安普敦，英国南部港口城市，面向英吉利海峡，是重要的客船和集装箱港口城市。

Church）的墓地里。

詹姆斯·奥斯汀（James Austen）

詹姆斯是奥斯汀家里的长子，于1765年出生。詹姆斯从小在家受到他父亲的教育和指导，14岁时，他拿到了牛津大学圣约翰学院的创始人亲属奖学金。詹姆斯是一位认真正直、知识渊博的年轻人，先是成为圣约翰学院的院士，之后，在1787年被任命为执事。

詹姆斯从大学里完成学业后，协助自己的父亲在家中教育他的姊妹。他负责指导简的阅读，并且培养了她对英国文学的喜爱。

1790年，詹姆斯成为汉普郡欧弗顿（Overton）的助理牧师，并在1792年娶了当地的女孩安妮·马修（Anne Mathew）。次年，他搬到了迪恩教区，并成为他父亲的助理牧师，他的女儿安娜（Anna）也在那里出生。1795年，也就是詹姆斯的女儿仅仅2岁时，安妮·奥斯汀（Anne Austen）过世了。1797年，年纪尚轻的鳏夫詹姆斯与玛丽·劳埃德（Mary Lloyd）结婚。一年后，他们的儿子詹姆斯·爱德华·奥斯汀（James Edward Austen）出生了，他即是为简写传记的第一位作家。1801年，詹姆斯的父亲乔治退休并前往巴斯后，詹姆斯接任了史蒂文顿教区牧师长的职位，并搬回了他童年时代的家。他的二女儿卡罗琳（Caroline）就出生在那里。

1819年，詹姆斯·奥斯汀去世，比他的妹妹简晚两年离开人世，而詹姆斯的第二任妻子玛丽·奥斯汀（Mary Austen）则一直活到了1843年。

爱德华·奥斯汀（后来改姓奈特）〔Edward Austen（later Knight）〕

1767年，奥斯汀家的次子爱德华·奥斯汀出生，他从小在父亲的指导下为上大学而做准备，但命运似乎注定让他走另一条路。在爱德华16岁的时候，他被托马斯·奈特和他的妻子凯瑟琳（Catherine）收养。托马斯是爱德华父亲富有的亲戚和捐助者的儿子，奈特一家没有孩子，他们想让爱德华继承他们在肯特和汉普郡所拥有的庄园和财产。为了给爱德华即将成为英国乡绅和地主的生活做准备，他们给爱德华安排了一次欧洲之行。

1791年，爱德华与伊丽莎白·布里奇斯（Elizabeth Bridges）结婚，她是肯特郡温纳姆（Wingham）附近古德尼斯通庄园（Goodnestone Park）的布鲁克·布里奇斯爵士（Sir Brook Bridges）的女儿。婚后，这对夫妇搬进了罗琳斯（Rowlings），这里是布里奇斯（Bridges）家族在坎特伯雷[1]

[1] 坎特伯雷，是一座位于英国东南部的非都市城市。

（Canterbury）附近的房子，他们的第一个孩子范妮（Fanny）于1793年出生在这里。1797年，爱德华继承了奈特家族的遗产，并与家人一起搬进了建于1732年的帕拉第奥式[1]（Palladian-style）的戈德默沙姆大宅子（Godmersham House）。爱德华定期邀请奥斯汀一家去拜访这座大宅子，这让简对乡间别墅的生活有了深刻的了解。

1808年，爱德华的妻子伊丽莎白·奥斯汀(Elizabeth Austen)生下他们的第11个孩子后，意外去世。次年，爱德华在他位于汉普郡查顿的庄园中为他的母亲和姐妹提供了新房。1812年，爱德华的养母凯瑟琳·奈特去世。爱德华·奥斯汀和他的孩子们为了达到继承遗产的条件，更姓为奈特。

爱德华比简多活了35年。他于1852年去世，享年85岁，他被安葬在戈德默沙姆教堂的奈特家族墓中，与他的妻子合葬。

亨利·奥斯汀（Henry Austen）

1771年，奥斯汀家的第三个儿子亨利·奥斯汀出生，他父亲养育他长大。他以创始人亲属奖学金进入牛津的圣约翰学院，继而获得学士和硕士学位。

---

[1] 帕拉第奥式，一种欧洲风格的建筑。建筑师安德烈亚·帕拉第奥（1508—1580）为此风格的代表。帕拉第奥式的建筑延续了古罗马和希腊传统建筑的对称思想和价值。

尽管简和她的所有兄弟之间都保持着亲昵的关系，但由于她和亨利在体格和性格上都格外相似，所以二人尤为亲近。1793年，亨利加入牛津郡民兵组织，因为他的父亲认为他在所有兄弟中最有这方面的才华。不出所料，亨利后来晋升为上校[1]。

1797年，亨利与寡居的表妹伊丽莎（Eliza）结婚。四年后，为了与妻子一起搬到伦敦担任银行家和军队代理人，他辞去了自己在民兵组织的职位。后来，亨利在简与出版商的谈判中担任她的文学代表，帮她寻找出版商。

1813年，亨利的妻子伊丽莎去世。同年晚些时候，亨利成为牛津郡的收税官。在1815年年末，亨利患上了重病。好在这个时候简一直照顾他，他的病情才有所好转。次年年初，亨利宣布破产，这使他担任收税官的职业生涯告一段落。他搬回汉普郡，接受了神圣的指令，被任命为查顿教区的助理牧师。在这里，亨利因为待人热心而获得了很好的声誉。

1817年5月，亨利陪同简前往温彻斯特[2]（Winchester），并陪她度过了她生命的最后几个星期。亨利作为简的遗嘱执行者，安排她的两本小说在她死后出版。亨利将这两本小说命名为《诺桑觉寺》[3]（*Northanger Abbey*）和《劝导》

---

[1] 上校（Captain），军衔相当于在英国陆军和皇家海军陆战队和英国皇家空军的上校。

[2] 温彻斯特，英格兰南部城市，汉普郡行政中心。

[3]《诺桑觉寺》，简·奥斯汀创作的长篇小说，它是奥斯汀打算出版的第一部小说，定稿于1797年左右，即奥斯汀22岁左右的时候。在这部小说中，作者初露锋芒，文风初步形成。

（*Persuasion*）。由于亨利和简特别亲密，他写了第一本有关她的传记。

1819 年，亨利在哥哥詹姆斯去世后成为史蒂文顿的教区牧师长。次年，他与查顿牧师长的侄女埃莉诺·杰克逊（Eleanor Jackson）结婚。后来，亨利结束了教会生涯，并在法国生活了一段时间。

1850 年，亨利去世，享年 78 岁。他被安葬在肯特郡敦布里奇韦尔斯（Tunbridge Wells）的伍德伯里公园公墓（Woodbury Park Cemetery）。

弗朗西斯·奥斯汀（Francis Austen）

弗朗西斯·奥斯汀，以弗兰克（Frank）这个名字为大家所熟知，他于 1774 年出生。因为个性活泼且充满朝气，所以他还有个昵称叫弗莱（Fly）。

弗兰克 12 岁时，进入朴次茅斯（Portsmouth）皇家海军学院。1796 年，弗兰克被任命为护卫舰特里顿号（HMS Triton）的中校[1]，这是他长久而辉煌的海军职业生涯的开始。1803 年到 1804 年间，弗兰克被派往拉姆斯盖特（Ramsgate），领

---

[1] 中校（commander），中校在英国皇家海军是少校以上职级的指挥官，相当于军衔为中校的军队指挥官。英国海军中校可命令一艘护卫舰、驱逐舰、潜艇、航空中队或岸上安装工作人员。

导海上军事，该部队的成立是为了捍卫海岸，使其免受法国入侵的威胁。弗兰克在拉姆斯盖特邂逅了玛丽·吉布森（Mary Gibson），她后来成为他的妻子，也是简最喜爱的嫂子之一。

弗兰克的能力被纳尔逊[1]（Nelson）所赏识，纳尔逊评价他为“极其出色的年轻人”。可是，令弗兰克遗憾的是，他并没有参与特拉法加战役[2]（Battle of Trafalgar），这是由于他当时在别的地方订婚。弗兰克的妹妹简对他的海军事业很感兴趣,并为他的成就感到自豪,而他也为妹妹的文学成就感到骄傲。

1806 年，弗兰克和玛丽·吉布森结婚，并与他的母亲、姐妹以及朋友玛莎·劳埃德搬入南安普敦的一所房屋。

1807 年，弗兰克和玛丽的第一个孩子出生。在简去世六年后，玛丽死于分娩。后来，弗兰克娶了简的朋友玛莎·劳埃德做续弦。

1863 年，弗兰克在被任命为海军元帅[3]后结束了自己杰

---

[1] 纳尔逊，即霍雷肖·纳尔逊（Horatio Nelson，1758 年 9 月 29 日—1805 年 10 月 21 日），英国风帆战列舰时代海军将领及军事家。

[2] 特拉法加战役，英国海军史上的一次最大胜利，英法此战中的指挥者正是一对历史上最著名的对手——具有传奇色彩的英国海军中将霍雷肖·纳尔逊和皮埃尔·夏尔·维尔纳夫。1805 年 10 月 21 日，双方舰队在西班牙特拉法加角外海面相遇，决战不可避免，战斗持续 5 小时，由于英军指挥、战术及训练皆胜一筹，法兰西联合舰队遭受决定性打击，主帅维尔纳夫和 18 艘战舰当场被俘（不包括科林伍德和斯特拉成后面俘获的战舰），英军主帅霍雷肖·纳尔逊海军中将也在战斗中阵亡。此役之后，法国海军精锐尽丧，从此一蹶不振，拿破仑·波拿巴被迫放弃进攻英国本土的计划。而英国海上霸主的地位得以巩固。

[3] 海军元帅（Admiral of the Fleet），英国皇家海军并没有元帅、将军、校官、尉官的称呼，现有的说法意译过来是“舰队海军上将”。

出的职业生涯。弗兰克在所有兄弟姐妹和妻子玛莎去世后一直活到 1865 年，以 91 岁高龄离开人世。他被安葬在苏塞克斯（Sussex）威默林（Wymering）教堂的墓地里。

查尔斯·奥斯汀（Charles Austen）

查尔斯是奥斯汀兄弟姐妹中最年幼的一个孩子，他于 1779 年出生。简和卡桑德拉亲切地称呼他为“我们的小弟弟”。

查尔斯 12 岁的时候，跟随哥哥弗兰克来到朴次茅斯皇家海军学院。1796 年，他被任命为斯科皮恩号皇家军舰（HMS Scorpion）的上尉[1]，这是他作为海军长久而成功的职业生涯的开始。由于查尔斯的家人对他的职业很感兴趣并且持续关注着他的任职，他一直与家人保持着密切的联系。在拿破仑战争[2]（Napoleonic Wars）中，查尔斯作为菲尼克斯号皇家军舰（HMS Phoenix）的中校，参与了追赶法国及其盟军在地中海的航行。查尔斯和弗兰克一样，为简的文学成就感到骄傲，并

[1] 上尉（lieutenant），是一艘舰艇上的第二指挥官，仅次于少校（Lieutenant Commander），是舰艇上的最高尉官。

[2] 拿破仑战争，是指 1803—1815 年爆发的各场战争，这些战事可说是自 1789 年法国大革命所引发的战争的延续。它促使欧洲的军队和火炮发生重大变革，特别是军事制度，因为实施全民征兵制，使得战争规模史无前例地庞大。法国迅速崛起，雄霸欧洲；但在 1812 年侵俄惨败后，国势一落千丈。拿破仑建立的帝国最终战败，让波旁王朝得以于 1814 年和 1815 年两度复辟。随着拿破仑在滑铁卢败北（1815 年 6 月 18 日），各交战国签订《巴黎条约》后，拿破仑战争于 1815 年 11 月 20 日结束。

在海上阅读了她的小说。

1807年，查尔斯与百慕大前司法部部长的女儿弗朗西斯·帕尔默（Frances Palmer）结婚。不幸的是，范妮，即弗朗西斯于1814年去世。查尔斯在简生命的最后阶段，去温彻斯特探望了她。1820年，即查尔斯丧偶六年后，他与自己的嫂子哈丽雅特·帕尔默（Harriet Palmer）结婚。查尔斯在海军的杰出职业生涯以被任命为东印度群岛总司令[1]而告终。1852年，查尔斯在布鲁托号皇家军舰（HMS Pluto）上死于霍乱，享年73岁，被安葬在锡兰的亭可马里[2]。

卡桑德拉·奥斯汀（Cassandra Austen）

1773年，卡桑德拉·奥斯汀出生，她是奥斯汀家的长女。

[1] 东印度群岛总司令，Commander in Chief in the East Zndies。

[2] 锡兰的亭可马里（Trimcomalee），现在斯里兰卡境内。

在所有兄弟姐妹中，她和简关系最为亲密。奥斯汀夫人曾经说过：“如果卡桑德拉要被砍头，简肯定会坚持和她共同接受命运的安排。”简一生都敬仰自己的姐姐，并且认为稳重而明智的卡桑德拉比她自己更优秀。

1785年，卡桑德拉和她的表姐简·库珀（Jane Cooper）一同去往牛津学习。在那里，考利太太（Mrs Cawley）辅导她们的学业。当时，年幼的简也跟随她们一起，因为她舍不得与卡桑德拉分开。次年，卡桑德拉她们姐妹三人患上了伤寒，于是返回到家中休养。两年后，卡桑德拉在妹妹和表姐的陪同下，在雷丁修道院学校[1]（Reading Abbey School）就读。1786年，由于对女性受教育的限制，卡桑德拉结束了正规教育。随后，奥斯汀姐妹返回家乡接受父亲的辅导。卡桑德拉是一位才华横溢的画家，她大概受到过绘画方面的指导。

卡桑德拉是一位虔诚的基督教徒，所以她和简像其他神职人员的女儿一样，协助父亲帮助史蒂文顿和迪恩的贫困村民。因为卡桑德拉和简的关系非常亲密，她大部分时间都和简在一起。每当姐妹俩分开时，通常是因为其中一人正在探望别的兄弟。这个时候，姐妹俩会写长而深情的信件来保持密切的联系。卡桑德拉一直支持简的写作，她们会在共享的起居室的私密空间里一起阅读简小说的初稿。

[1] 雷丁修道院学校，位于英国英格兰伯克郡城市雷丁的一座大型修道院遗址。雷丁修道院在 1121 年由亨利一世创建。

1795 年，卡桑德拉与父亲的学生汤姆·福尔（Tom Fowle）订婚。后来，汤姆为了攒到足够的钱来娶卡桑德拉，出任私人牧师出国挣钱。不幸的是，他患上了黄热病，死在了圣多明各（San Domingo）。在此之后，卡桑德拉再也没有考虑过结婚。卡桑德拉一直未婚，并且一直和她的父母住在一起。这也是由于当时的社会对女性的限制，使得女性无法做到完全的经济独立，只能依赖于自己的家庭。

1816 年 5 月，卡桑德拉陪同简到切尔滕纳姆（Cheltenham）寻找治疗她疾病的方法。1817 年，她在简生命的最后几个星期又把简带到温彻斯特求医，并且住到离医生很近的地方。卡桑德拉一直竭尽全力地呵护简，直到她离世。随后，卡桑德拉一直待在查顿的农舍式小屋里。后来，卡桑德拉的母亲去世，玛莎·劳埃德结婚，卡桑德拉便独自一人住在那里。简的名气越来越大之后，讨厌宣传的卡桑德拉销毁了她写给妹妹的所有信。她还把简收到的许多信件销毁或剪掉了一部分。

卡桑德拉于 1845 年去世，享年 72 岁，被安葬在查顿的圣尼古拉斯教堂的墓地里，在她母亲的墓旁边。

侄子和侄女

简·奥斯汀有很多侄子和侄女，这些孩子都是她的兄弟詹姆斯、爱德华、弗兰克和查尔斯所生的。简对于他们的陪伴感到非常开心，他们也非常喜欢她。根据简其中一位侄子的描述，简是他们的“欢乐源泉”。

简和爱德华的长女范妮格外亲近。1808 年，简在访问戈德默沙姆之后，她将范妮形容为“几乎是另一个姐妹”，并说这个侄女对她来说非常重要。其余的孩子，包括詹姆斯·奥斯汀的孩子安娜、詹姆斯·爱德华和卡罗琳也很亲近他们的姑姑。这些孩子都很喜欢写故事，并征求简的意见和建议来完善自己的作品。詹姆斯·爱德华在安娜和卡罗琳的帮助下，撰写了简·奥斯汀的第一本传记，他们都贡献了自己对简的记忆。

1817 年，当詹姆斯·爱德华的姑姑去世后，一位侄子发现，他对查顿的那间农舍式小屋的访问总是令他感到失望。他不断地强调：“当姑姑去世后，不仅仅是房子里的灯都被熄灭了，

生者的心灵也蒙上了阴影。”

其他家庭成员

奥斯汀通过信件和探访与许多亲戚保持联系。与奥斯汀家这边相关联的是汉考克（Hancocks）和沃尔特（Walters）。乔治·奥斯汀的姐姐费拉德尔菲亚（Philadelphia）与在东印度公司工作的外科医生泰森·索尔·汉考克（Tysoe Saul Hancock）结婚。1761年，他们的女儿伊丽莎出生。长大后的伊丽莎成为亨利·奥斯汀的第一任妻子。威廉·汉普森·沃尔特（William Hampson Walter）是乔治·奥斯汀同父异母的兄弟，与妻子苏珊娜（Susanna）及其家人一起住在肯特。

在利家这边，相关联的是奥斯汀太太的兄弟詹姆斯·利·佩罗特（James Leigh-Perrot）和他的妻子简（Jane），简在伯克希尔（Berkshire）和巴斯拥有房产。奥斯汀太太的姐姐简与爱德华·库珀（Edward Cooper）结婚，也在巴斯有居住的地方。他们有两个孩子：爱德华（生于1770年）和简（生于1771年）。当奥斯汀姐妹俩在南安普敦染上伤寒时，多亏了她们的表姐简和奥斯汀太太取得了联系，才得以救回他们的性命。

奥斯汀一家还经常与简的教父萨缪尔·库克（Samuel

Cooke）保持联系，他是萨里[1]（Surrey）大步克汉姆（Great Bookham）的教区牧师。萨缪尔的妻子卡桑德拉（Cassandra）是奥斯汀太太的表亲，他们一同生养了三个孩子：狄奥菲勒斯（Theophilus）、玛丽（Mary）和乔治（George）。

[1] 萨里，英格兰东南部行政郡和历史郡，位于伦敦西南，滨泰晤士河。

02

小说家简·奥斯汀

一个人，不管是绅士还是淑女，只要不喜欢小说，一定愚蠢至极。

——《诺桑觉寺》，第十四章

简·奥斯汀所生活的时期很适合造就有抱负的小说家。奥斯汀一家都是知识分子，他们是一个受过良好的教育并有着深厚文化底蕴的家族。尤其是在当时女性的受教育程度非常有限的情况下，奥斯汀家的两个女孩都受到了父兄的辅导。简·奥斯汀在学术上的导师是她的父亲以及她的哥哥詹姆斯，他们培养了她对英国文学和历史的热爱。

奥斯汀家也有着写作的传统。简的母亲和哥哥詹姆斯都会写诗。詹姆斯在牛津大学期间还担任过编辑，并负责为学生报纸撰稿。一家人以在诗歌中写一些谜题为娱乐，这些谜题被称为“字谜游戏”（charades）。

简的早期著作，包括1790年的《爱情与友谊》（*Love and*

Freindship[1]）和1792年的《莱斯利城堡》(*Lesley Castle*)，被写成三本抄本，分别命名为“第一卷”“第二卷”和“第三卷”。书中对家庭环境的描写、求爱和爱情的主题的刻画、巧妙的性格描写以及诙谐的语言，为她小说的整体风格奠定了基础。简从写作生涯初期开始，就认真观察人们的举止、习惯和性格特征，并逐渐培养自己作为一个作家对行为和动机的敏感程度。

简在1795年撰写了她的第一本小说《埃莉诺和玛丽安》（*Elinor and Marianne*）；在1797年完成了《第一印象》（*First Impressions*）的初稿，这在之后成为她最著名的小说《傲慢与偏见》（*Pride and Prejudice*）。简的小说最初是为了娱乐自己和她的家人而写的，但乔治·奥斯汀发觉了女儿的才华，并试图发表《第一印象》。他将手稿寄给伦敦出版商托马斯·卡德尔（Thomas Cadell），然而托马斯对这本小说并不感兴趣，他一字未读并且把书稿退还了回去。无论简对这次拒稿是否知情，都不能阻止她继续创作《埃莉诺和玛丽安》，并将其改成小说《理智与情感》（*Sense and Sensibility*）。1799年，简完成了一部名为《苏珊》（*Susan*）的小说的初稿，该小说最终以《诺桑觉寺》为名而出版。她将全部手稿收起来，大概四年之内都没有再碰过。随后几年，简除了创作一部名为《沃森一家》（*The Watsons*）的未完成小说外，

[1] 此处应该为 friendship，但原文写的是 freindship。

—— J. 格林的《斯卡伯勒图书馆》。阅读小说是英格兰乔治时代[1]（Georgian）和摄政时代[2]（Regency England）所流行的一种消遣方式，尽管小说也被视作一种文学形式。简·奥斯汀在《诺桑觉寺》中将小说概括为："总而言之，只是这样一些作品。在这些作品中，智慧的伟力得到了最充分的施展，因而，对人性的最透彻的理解、对其千姿百态的恰如其分的描述、四处洋溢的机智幽默，所有这一切都用最精湛的语言展现。"

[1] 乔治时代，英国汉诺威王朝的前四位君主都命名为乔治，即一世至四世（1714—1830）。

[2] 摄政时代，1811—1820 年英国国王乔治三世的儿子，威尔士亲王乔治（后来的乔治四世）摄政的时期，乔治三世因精神病情日益严重，被认为不适合统治，于是他的儿子以摄政王的身份代理统治。1820 年乔治三世逝世后，摄政王乔治正式加冕为乔治四世。

没有任何新作品。在此期间，简一直住在巴斯和南安普敦，她想念汉普郡的乡村，那一直是她写作的灵感之源。但是，她这些年的时光并没有浪费，因为它们为她提供了以后写小说的素材。

后来，简显然改变了寻求出版作品的主意，因为在 1803 年，她以 10 英镑的价格将《苏珊》的手稿卖给了出版商理查德·克罗斯比（Richard Crosby）父子。但是出于某种未知的原因，对方并没有出版她的小说。1809 年，简给克罗斯比致信，要求他出版小说，但他拒绝了。他提出要以自己付出的价格将手稿卖回去，但是简没有足够的钱来买回自己的手稿。

1809 年，简搬到汉普郡的查顿，这是她人生中一个更加安定的时期的开始，不久后她又开始写作。由于在查顿小屋的生活很拮据，并没有单独的书房供简使用，她只能在拥挤的起居室中写作。再者，除了简比较亲近的亲戚之外，她不想告诉其他人自己写作这件事，因此她在小纸片上写字，如果有人进入房间，这些纸片会立刻被吸水纸遮盖。

简在被克罗斯比拒绝之后，犹豫到底要不要再寻找出版社，她的朋友劝她不要放弃。于是，简的第一本小说《理智与情感》，由怀特霍尔（Whitehall）的托马斯·埃格顿（Thomas Egerton）于1811年出版，作者负责支付这笔出版费用。简非常确定她不会收回成本，因此从自己的小额收入中拨出一笔款项来弥补预期的损失。在接下来的五年中，

——这是简·奥斯汀写作时用的桌子。图中的这张桌子可能是乔治·奥斯汀在 1794 年为简所购置的。这个桌子是从贝辛斯托克（Basingstoke）的 Messrs Ring 购买的，在销售账户中被描述为“一个带长抽屉和玻璃墨水架的红木写字台”。

简又出版了三本小说：《傲慢与偏见》和《曼斯菲尔德庄园》（*Mansfield Park*）分别由埃格顿在1813年和1814年出版，《爱玛》（*Emma*）在1814年由伦敦阿尔伯马尔街（Albermarle Street）的约翰·默里（John Murray）出版。这三本小说都卖得很好，尤其是《傲慢与偏见》，它在文学界很受欢迎。

亨利·奥斯汀在与出版商的谈判中担任妹妹的文学代表。亨利大约于1816年从理查德·克罗斯比手中购回了《苏珊》的手稿。

此后，亨利很高兴地告诉理查德·克罗斯比，他认为不值得出版的作品的作者与如今备受欢迎的小说《傲慢与偏见》的作者是同一个人。然而，在拿回并修改了自己的手稿之后，简也没有试图将其出版。

小说《爱玛》的独特之处在于它被献给了摄政王。这件事发生在1815年年底，当时摄政王的图书管理员发现简在伦敦，并通知了摄政王，因为摄政王是她小说的忠实读者。随后简收到了邀请，摄政王让她去他的住所——卡尔顿之家（Carlton House）。简似乎不太喜欢摄政王，但当她被要求将《爱玛》送给摄政王时，也只能勉强同意了。

1816年，简开始创作她的最后一部小说《劝导》。大约在同一时间，她开始感到不适，小说完成时，她的健康状况更糟糕了。简随后写了一部名为《桑迪顿》（*Sanditon*）的新小说的前几章，但她于 1817 年 7 月去世，因此那本小说并未完成。亨利·奥斯汀成为简的遗稿管理人，并安排出版她的两本未出版但已完成了的作品，他将其命名为《诺桑觉寺》和《劝导》。它们由詹姆斯·默里于 1817 年 12 月一起出版。

小说

简·奥斯汀的小说都是以女性的角度诉说英国乔治时代晚期和摄政时代的乡绅阶层的生活，她描绘了乡村中的一些家庭的生活。除了《曼斯菲尔德庄园》之外，所有小说都是轻松的爱情故事，不过，每部小说都有其独特的叙事风格。

奥斯汀的小说中的每一个女主人公经历重重险阻，探索自我价值，最终都找到了自己的命中注定。她的所有小说都围绕两个主题——悔悟和爱情在婚姻中的重要地位。简·奥斯汀对人性的探索和理解在她的所有作品中都有所体现，这是它们经久不衰的主要原因之一。

①理查德 · 本特利（Richard Bentley）发行的1833年版《理智与情感》的卷首插图。这是简 · 奥斯汀的第一本出版小说。作者的名字没有出现在她的任何作品的书名页上，而只是注明它们是“由一位女士写的”，简也希望保持匿名。1817年，亨利 · 奥斯汀在简去世后出版的《诺桑觉寺》和《劝导》的作者传记中，说明了这六本小说的作者正是简 · 奥斯汀。

②1833年版《曼斯菲尔德庄园》的卷首插图。《曼斯菲尔德庄园》于1814年5月出版，这是简 · 奥斯汀第三部被出版的小说。1814年3月，简和她的哥哥亨利从汉普郡到伦敦的旅程中阅读了这份出版证明。简在给姐姐的一封信中写道：“亨利他在第3卷中说他越来越喜欢我的M.P.。”[1]

③简 · 奥斯汀第四本出版的小说《爱玛》1833年版的卷首插图。简在写《爱玛》时，给有追求的小说家，即她的侄女安娜写了一封信，因为安娜曾向她征求过写小说的建议。简写道：“你现在正在愉快地塑造你小说中的角色，他们正好是我生活中的乐趣所在；在乡村中的三或四个家庭是我们可以着手具体描绘的。”这是她对自己小说背景的完美描述。

④1833年版的《诺桑觉寺》的卷首插图。名为《苏珊》的小说是《诺桑觉寺》的早期版本，于1803年出售给伦敦卢德盖特街（Ludgate Street）的克罗斯比父子，但未能出版。1809年，当简给他们写信试图劝说他们出版这本小说时，这本小说所模仿的哥特式小说[2]（Gothic novel）风格已经过时了。这可能解释了他们当时拒绝出版这本小说的原因。由于简没有10英镑可用来回购她的手稿，因此这些手稿被理查德 · 克罗斯比保留了几年。

[1] 原文：Henry has this moment said that he likes my M.P. better & better, – he is in the 3rd vol.

[2] 哥特式小说，属于英语文学派别，是西方通俗文学中惊险神秘小说的一种。一般被认为随着贺瑞斯·沃波尔的《奥特朗图堡》而产生。显著的哥特式小说元素包括恐怖、神秘、超自然、厄运、死亡、颓废、住着幽灵的老房子、癫狂、家族诅咒等。

—— W. 梅森（W. Mason）的《乡村赛马场》。赛马在18世纪初开始盛行，参加赛马是上流社会的消遣之一。赛马会成立于1750年左右。圣莱杰（St Leger）于1776年首次举办，橡树赛（Oaks）于1779年举行，德比（Derby）于1780年举行。乔治三世定期参加在阿斯科特（Ascot）和埃格姆（Egham）的比赛。他的儿子，即未来的乔治四世，也是赛马的狂热追随者，并拥有许多赛马。

03

上流社会的生活

凯瑟琳夫人身材高大，五官分明，年轻时也许是个漂亮人。她的神情和举止都显得盛气凌人，似乎在提醒客人不要忘记他们卑微的身份。

——《傲慢与偏见》，第二十九章

贵族和乡绅处于社会阶级的顶层。他们统治着英国的国会两院[1]（Houses of Parliament），以确保国家正常的运转，从而维护他们的利益。作为统治阶级，他们在社会上有着显赫的地位，因此备受尊重。他们有相当大的权力和影响力，主要通过赞助一些教会或者非教会的组织来帮助其他人。在当时的社会环境下，拥有土地越多的人就会享有越大的权力和影响力。因此，有一点是毫无疑问的，上层社会的人们有着天生的优越感。然而，一些有抱负的人们正在挑战这些固有的阶级，他们在寻找新的发家致富的方式来提升自己的社会地位。社会变革由此开始，“暴发户”[2]取代了旧观念中的财产继承，人们可

[1] 国会两院，英国的议会是英国的最高立法机关，是英国政治的中心舞台。

[2] 暴发户（new money），按字面意思是新钱，其含义为非继承的钱财。

以利用功绩获得财富和地位。

贵族又被称为“上流社会”[1]，他们拥有最宏伟的乡间别墅，通常在伦敦也有别墅。他们的收入来自房租和在他们所拥有的土地上开发的资源，例如煤炭、农作物和犁铧，以及作为公职人员的工资。他们通常通过互利的婚姻来获得更多土地，从而增加自己的财产、权力和社会声望。这个群体中的许多人富有到可以什么都不干，也能享受特权和奢侈的生活。

城镇生活

来自贵族阶级的男人在公共领域工作，其中包括商业和公职，而女性的活动区域则局限于自己的家庭。议会期间，贵族们居住在伦敦；议会结束后，他们回到自己在乡村的房子里度过夏天。

在伦敦时，贵族们要么住在自己的联排别墅里（通常位于西区），要么住在出租屋中，他们将大部分时间都花在议会上。对于他们来说，向国王献殷勤是很重要的，因为他是闲差的分配者。或者向组织分配闲差的拍马屁，这也有利于他们获得一份不错的工作。那些想在政治上发展或想挣钱的人会去参加舞会和时髦的社交活动，因为在这些地方可以赚到钱，也可

[1] 上流社会，the upper ten thousand。

乔治·莫兰（George Morland）的《射击野鸡》。上流社会的人们喜欢打猎、射击和钓鱼。简·奥斯汀的兄弟和侄子在肯特郡爱德华·奥斯汀的庄园里参加了乡村运动。简在1813年9月写的一封信中抱怨她的小侄子们更喜欢运动，而不是大自然的美景。她写道："他（爱德华）的热情只体现在运动这个领域上……我们必须原谅他想得更多的是松鸡[1]和鹧鸪，而不是湖泊和山脉。他和乔治每天早晨不是出去打猎，就是和鹞一起出去，他们都是好射手。"

[1] 松鸡（grouse），原文中是 growse。

以找到工作。在伦敦期间，他们还会处理商业和法律事务，并与建筑师、医生、裁缝和假发制造商预约商讨相关事宜。在闲暇的时候，他们会去酒馆和绅士俱乐部消遣。在这些地方，他们可以了解到最新的消息，进行社交，特别是还可以赌博。最受欢迎的绅士俱乐部是位于圣詹姆斯街（St. James Street）和蓓尔美尔街（Pall Mall）的怀特俱乐部（White's）、布铎斯俱乐部（Boodles）、可可树俱乐部（The Cocoa Tree）和阿尔马克俱乐部（Almack's）。这些俱乐部保留着记录有赌注的投注簿，人们可以将赌注押在涉及机会的任何事物上。

在男人们参与这些活动的时候，他们的妻子和女儿们在伦敦自由地享受生活，这是在乡下度过漫长而无聊的时光后的消遣。他们会去参观伦敦的景点，例如博物馆、剧院、歌剧院和西区的奢侈品店。与此同时，他们打电话给各处了解情况，并参加舞会、晚宴、居家活动等来社交。这个时候，最重要的场合莫过于皇家集会。每到社交高峰期，贵族家庭里的母亲都必须确保到了适婚年龄的女儿们参与这些活动。

乡村生活

六月初，议会会议结束后，贵族们又回到了乡村。男人们特别盼望这一天的到来，因为乡村生活才是他们真正的欢乐源头。在乡村别墅聚会期间，男人们喜欢和同阶层的人一起进行为期几周的户外运动。然而，男人们的注意力仍然停留在商业和政治事务上，一些交易和重要的国家事务是在乡村生活期间决定下来的。甚至有一部分乡村住宅具有特定的政治功能。

在夏季，乡村屋主们会处理有关其房屋和地产的事宜，包括建筑项目和重建项目以及对庭院的修缮。他们还负责检查家庭农场的运转情况，确保为整个庄园提供所需的各种农产品。除此之外，他们还需要通过拜访房客来保持联系，以获取必要的资源和信息。除了处理自己房产的相关事宜外，这个阶层的许多人身居要职，如领主、副官、治安官、郡行政司法长官和当地民兵领袖。因此，他们不仅需要参与到国家政务中，还需要在地方层面上帮助管理国家。他们负责的事务有为穷人修建学校和教堂、为神职人员提供食宿、监督教堂管理员和当地的警察，以及担任公路测速员和穷人监督员。在为社会负责的同时，他们还要准备即将到来的选举。

妻子的角色

妻子在乔治时代和摄政时代的英国上层社会中有着独树一帜的地位。维系生活的重担同样也均摊到女性家庭成员的身上。她们对于家庭的支持和帮助，使自身在上层社会中的地位明显区别于同时期其他阶层的女性。作为乡间大别墅的女主人，贵族妇女的作用远远超过传统的妻子、母亲和管家。除了经营一

—— 乔治 · 罗姆尼（George Romney）的《带孩子的女士》。上流社会的妇女必须适应繁忙的日程。尽管有仆人负责所有的体力工作，上流社会的妇女们仍有义务照顾孩子，并为他们的早期教育负责。这些妇女通常与在家里接受教育的女儿关系亲密，她们为帮助自己的女儿们未来成为上流社会的妻子和母亲做好了准备。爱德华 · 奥斯汀中年时期成了鳏夫，家里没有了顶梁的女主人。幸运的是，爱德华 · 奥斯汀的女儿范妮受过良好的训练，掌握了经营一栋大型乡间别墅所需的技能。范妮 16 岁时，她的母亲在第 11 个孩子出生后去世，所以由范妮接任戈德默沙姆庄园的女主人。

个大家庭外，她们担任的角色还包括慈善机构的赞助人、操办娱乐活动的女主人、预算支出的管理人、政治活动家以及房屋中各式珍宝的保管者。她们可能还需要参与经济企业的运转以及房屋和景观的改善。

对妻子们来说，开展慈善活动是一项至关重要的任务。贵族们在享受权利的同时，还要负责维护社区的利益，这也是一种“贵族义务”[1]。除了以多种方式帮助房地产工人和佃户外，贵族妇女在筹款和慈善工作中也提供了帮助。她们甚至会去监狱、工作间、庇护所等地方探访需要帮助的人。对于一些身为母亲的贵族妇女来说，她们必须胜任许多职位。她们负责监督托儿所的工作人员，并亲自指导女孩子们，使其也可以在未来生活中扮演和她们相同的角色。

贵族们的妻子最繁重的任务之一是举办社交活动，其中包括组织晚宴、舞会和家庭聚会。贵族们在各式各样的场合都需要娱乐活动以便他们社交。乡间别墅的女主人负责策划活动，监督准备工作，接待客人，并照顾好过周末的女士们。安顿好这些妇女是为了让她们不打扰到她们丈夫的事务和乡村运动。此外，女主人还必须时刻准备好接听其他贵族成员的电话，这些电话通常是临时的。社交活动的场所一般是在一个贵族的家中，客人们热衷于欣赏别人的房屋、艺术品和珍宝，其中的部

[1] 贵族义务（noblesse oblige），位高则任重。指的是来自贵族血统的人的一种不成文的义务，即对他人的行为要尊敬、慷慨。

分原因也是为了评估他们身边的人所拥有的财产和文化底蕴。

社交生活和消遣

贵族在英国的乡下过着繁忙的社交生活。他们参加在不同乡间别墅里举行的活动，并期望自己能在公共会堂[1]举行的舞会上露面。在社交活动中，贵族的另一个义务是回复他们所接受的临时访问，一般是第二天有必要这样做的，或者至少要留下联系方式。未能做到这一点被认为是在社交中的失礼。

当这个阶层的男人在户外度过大部分夏季时光的时候，他们的妻子和女儿也在消遣娱乐。她们的室内活动包括阅读、学习提高自我和记日记。不仅如此，她们还参加一些户外活动，例如骑马、钓鱼和园艺。在当时，园艺是一种流行的消遣方式，灵感来自夏洛特王后（Queen Charlotte）和邱园（Kew）的皇家公主的园艺活动。

大多数贵族家庭在探望亲戚和朋友的同时进行着全国旅行。最富有的家庭拥有多处房产，以方便他们在旅行期间能住在自己的房子里。贵族们经常会选择在温泉小镇、海滨度假胜地、美丽的景点和赛马比赛上消遣时光，还有一些家庭甚至会选择出国旅行。

---

[1] 公共会堂（public assembly room），庄严华丽的公共房间。在这里，可以举行婚礼、宴会、会议、展览、音乐会和聚会等活动。

—— 上层阶级花了很多时间互相拜访。简·奥斯汀有时觉得这种习惯很乏味，尤其是当来电者不是关系好的人的时候。1813 年 11 月，简在戈德默沙姆庄园写给姐姐的一封信中，描述了一次特别无趣的拜访——“伊丽莎白·哈顿(Elizabeth Hatton)夫人和安娜·玛丽亚(Anna Maria)今天早上来过这里；——是的，她们打过电话来——可是我想我对她们已经没什么可说的了。她们来了，坐下，走了。”

地主乡绅

在社会金字塔顶尖的贵族阶层之下的，是地主阶层。在这个阶层里，人们的财富水平差异很大。他们的收入来源与贵族阶层类似，生活方式也相似，但规模较小，而且他们享有许多共同的利益。这些地主阶层的男人也占据了商业、行政和政治等公共领域，而女性则更多地在私人领域活动，更专注于家庭。

地主阶层，通常被称为乡绅，贵族认为他们是粗鲁的并且痴迷于田径运动的文盲，因此看不起他们。他们的根在乡土，无法冒险离开他们在乡镇和村庄的家园。他们处于社区的中心，作为治安法官、郡治安官和民兵领袖，掌握着很大的权力。然而，与贵族不同的是，他们的影响仍局限在当地。由于掌握着权力并且有影响力，他们负责照顾自己的员工、佃户和社区里的其他人，这些人用忠诚回报他们。乡绅和下层社会的人关系很好，经常可以看到他们在当地的酒馆里一起喝酒。

简·奥斯汀和上流社会

奥斯汀一家属于北汉普郡的绅士阶层。他们在私人和公共场合的社交活动中与上层社会的成员见面，并经常被邀

—— 维恩，舍伯恩圣约翰村，汉普郡。这是丘特家族的家，奥斯汀夫妇常来这里参加社交活动。在这些拜访中，简获取了她在小说中用到的上流社会生活的知识。詹姆斯·奥斯汀是附近舍尔伯尼圣约翰村的副牧师，也是威廉·丘特的朋友，他在1791年继承了这处房产。

请到对方的家中。他们熟悉的上流社会成员有住在舍伯恩圣约翰村（Sherborne St John）的维恩（The Vyne）的丘特（Chute）一家；住在赫斯特伯恩（Hurstbourne）附近的拉弗斯托克大宅子（Laverstoke House）的亨利·波特尔（Henry Portal），还有他的哥哥——赫斯特伯恩附近的自由民（Freefolk）修道院的副院长约翰（John）。而他们社交圈中的贵族则有赫斯特伯恩庄园（Hurstbourne Park）的朴次茅斯勋爵（Lord Portsmouth）、哈克伍德庄园（Hackwood Park）的波顿勋爵（Lord Bolton）和肯普肖特庄园（Kempshott Park）的多尔切斯特勋爵（Lord Dorchester）。

简住在戈德默沙姆时，也与上流社会交往。戈德默沙姆位于肯特，这是个很富裕的郡，到处都是有钱人。简通过哥哥爱德华，结识了他社交圈里的成员，包括伊斯特维尔庄园（Eastwell Park）的芬奇家族（Finch）和芬奇－哈顿（Finch-Hatton）家族，以及奇勒姆城堡（Chilham Castle）的怀尔德曼斯（Wildmans）家族。在戈德默沙姆的时候，简了解到了上层社会的生活，特别是他们在乡村住宅的生活。

后来，简去拜访她嫂子伊丽莎白[1]（Elizabeth）一家的时候，住在温纳姆附近的古德尼斯通庄园。

---

[1] 伊丽莎白，是第三代准男爵布鲁克·布里奇斯爵士（Sir Brook Bridges, the 3rd Baronet）的女儿。

—— 凯瑟琳·德·包尔夫人在访问贫困的村民。在《傲慢与偏见》中，简·奥斯汀描绘了一幅滑稽而又讽刺的画面：凯瑟琳·德·包尔夫人在当地社区履行自己的职责——“只要有一个穷苦人在吵架，闹意气，或是穷得活不下去，她都会亲自到村里去调解处理，镇压制服，并骂得他们一个个相安无事，不再叫苦叹穷。”她的侄子达西被描述为对佃户和穷人“慷慨大方”。他为了“不辱家声，不违众望，不失掉彭伯里（Pemberly）家族的声势”而焦虑。

—— 威廉·卢卡斯爵士（Sir William Lucas）向达西先生（Mr Darcy）介绍伊丽莎白·班纳特（Elizabeth Bennet）。暴发户在这一时期挑战了上层阶级的统治地位。在《傲慢与偏见》中，威廉·卢卡斯爵士经商发家，在书中他被描述成一个暴发户："他以前在麦里屯（Meryton）做买卖，这让他发了一笔财，之后他在任市长期间上书国王，获得了爵士头衔。富有和贫穷的差别给他的感觉太强烈了，这让他对他的生意和他在小镇上的住所感到厌恶，于是他带着家人迁到了离麦里屯大约一英里的一幢房子里去，从那时候起就把那地方叫作卢家庄（Lucas Lodge）。"

小说

简与上流社会人士的交往为她的小说提供了许多素材。尽管简关注的是少数绅士的生活，但她的小说刻画了许多上流社会的人物，包括《傲慢与偏见》中的凯瑟琳·德·包尔夫人(Lady Catherine de Bourgh)、《曼斯菲尔德庄园》中的托马斯·伯特伦爵士(Sir Thomas Bertram)和《劝导》中的沃尔特·埃利奥特爵士(Sir Walter Elliot)。

简用她的知识和经验在小说中描绘了上流社会的家庭和他们的居所。她的小说展示了上流社会和中产阶级的生活是如何交织在一起的，以及如何通过结婚和积累财富来提升社会地位。

04

中产阶级的生活

现在，每天上午都有些常规的事情要做：逛逛商店，转转城内的一些新鲜地方，到矿泉厅（巴斯历史悠久的餐厅，1789年开建，1799年建成，除了全天销售天然矿泉水之外，还在上午供应咖啡、中午供应午餐、下午供应茶点。有人将之音译为“帮浦室”。）转悠个把钟头，看看这个人望望那个人，但不和任何人搭话。

——《诺桑觉寺》，第三章

中产阶级，通常被称为“中等阶级”[1]，包括土地较少的绅士和职业人士。职业人士通常是上层社会的人们较年轻的儿子，他们必须选择从事法律、行政服务、武装部队或教堂等职业。这个阶层的人因为受过教育，他们的职业也相对体面。因此，即使是国教教会中最穷的牧师也被当作绅士，并且受人尊敬。随着社会的发展，越来越多的职业人士涌现，这意味着这个社会阶层在不断扩大。除了有学识的职业人士，这个阶层还包括拥有100到500英亩土地的农民，他们的土地有的是用来租赁的，有的是自由持有的。

这个阶层的另一群人被简·奥斯汀称为“半绅士”（half-

[1] 中等阶级，middling sorts。

gentlemen）。这些人以律师、教师、药剂师和外科医生等职业为生。他们虽然受过良好的教育，却缺乏绅士应有的教养和社会关系。因此，他们不足以被称为绅士。在他们地位之下的是下层中产阶级，由佃农、工匠和职员等人组成。

在英国乔治时代晚期和摄政时期，一个被老牌中产阶级所轻视的群体正在渗入他们的阶层。这些人是通过贸易和商业来赚钱的新贵，如批发商、店主和乡村银行家。他们逐渐在社会上获得了巨大的权力和影响力。

这时期的人们可以敏锐地意识到自己和他人在社会中的地位。每个阶层内都分有不同的档次，中产阶级也不例外，例如，陆军军官比海军军官更有优越感，内科医生比外科医生更高一等。

中产阶级的女性

中产阶级女性和上层阶级女性一样，都有一个主要的人生目标——找个丈夫。这是由于她们被排除在工作场所、商业、行政和政治等公共领域之外，她们在经济上需要依赖其他男性。因此，中产阶级的妇女的生活主要集中在家庭上。

中产阶级的母亲负责幼儿的早期教育和道德教育。她们还负责训练她们的女儿掌握家务技能，并秉持节俭的原则来打理家庭。她们帮助自己的女儿为将来的生活做好准备，并负责为她们找到合适的丈夫。中产阶级的女孩不太可能在经济上实现

—— 乔治·莫兰的《狐狸之死》(*The Death of the Fox*)。猎狐是这个阶层的乡下人喜爱的一项运动。根据简·奥斯汀的侄子所述，当简的兄弟们还是孩子的时候，他们疯狂地跟随着猎犬，“趴在任何小马或驴子上，这样他们可以确保自己的安全；在没有这种奢侈的代步

工具的时候，就步行”。弗朗西斯·奥斯汀在 7 岁的时候，得到了一匹栗色的小马，并给它取名为“松鼠”（Squirrel）。他的母亲用她那件猩红色的旧骑马服给他做了一件骑马服。这位未来的海军元帅一定在汉普郡的猎场上引起了许多人的注意。

——埃尔顿太太（Mrs Elton）。在《爱玛》一书中，简·奥斯汀嘲笑那些进入绅士阶层的暴发户。粗俗的埃尔顿太太是布里斯托尔一位商人的女儿，她经常吹嘘自己的姐姐和姐夫，姐夫在巴斯社区有一定地位。在第一次见爱玛时，她拿她姐夫的住所枫园与爱玛的家相比。“真的跟枫园太相像了！相像得令我吃惊！这个房间从形状到大小，与枫园的那间晨室一模一样。我姐姐最喜欢的房间是……”她几乎幻想自己是在枫园了。

独立，她们的家人都期望她们结婚。等她们结婚以后，她们会像自己的母亲一样，献身于家庭。至于那些找不到丈夫的妇女，她们得到体面的有偿工作的机会极其有限。因此，她们仍然依靠自己的男性亲戚来生活，有时她们还需要照顾她们单身兄弟的家庭。

对中产阶级女性来说，写作是一种体面的职业。简·奥斯汀是那个时代最伟大的女作家（尽管当时还不被认可），她的作品对英国文学产生了极大的影响。与此同时，还有很多女性通过写作赚钱，其中包括玛丽亚·埃奇沃思[1]（Maria Edgeworth）、范妮·伯尼[2]（Fanny Burney）、玛丽·沃斯通克拉夫特[3]（Mary Wollstonecraft）和汉娜·莫尔（Hannah More）。这些女性作家通常写各种题材的小说、诗歌、戏剧、散文、论文，比如历史和旅游。她们大部分作品都进入了流行

[1] 玛丽亚·埃奇沃思，英国—爱尔兰作家。生于英格兰，以写富有想象及道德教育意义的儿童故事和反映爱尔兰生活的小说闻名。她的作品以人物塑造和乡土色彩著称。处女作《拉克伦特堡》（*Castle Rackrent*，1800）讲述了一个爱尔兰地主家族的衰败。她还写过几部儿童作品，如《父母的助手》（*The Parent's Assistant*，1796），通过有趣的故事来阐释道理。

[2] 范妮·伯尼，也称达布莱夫人，英国女小说家，风俗小说发展史上里程碑的《埃维莉娜》的作者。

[3] 玛丽·沃斯通克拉夫特，英国启蒙时代著名的女性政论家、哲学家、作家与思想家，更是西方女权主义思想史上的先驱。在她短暂的写作生涯中，她写就了《女教论》《玛丽：一篇小说》《真实生活的原创故事》《人权辩护》《女权辩护》《瑞典、挪威和丹麦短居书简》《玛丽亚：女人的受罪》等作品。

的流通图书馆[1]。不过，这些女性因为在公共领域表达自己的意见和观点而受到批评。

中产阶级的女性，像奥斯汀夫人和她的女儿们一样，会积极帮助社区中的穷人和有需要的人，她们还加入了探访社，探访并帮助监狱和收容所等机构。

休闲、消遣和社交生活

中产阶级的成员与上流社会的人们有着相同的人生观，还有着许多相同的乐趣和消遣方式。这个阶层的大多数人有钱花在消费品和休闲上。尤其是女性，她们有大量的闲暇时间。

男人们喜欢打猎、射击、钓鱼以及射箭和板球等运动。适合女人们的户外活动包括骑马、园艺、购物和散步。简和卡桑德拉·奥斯汀不管天气如何，都要到处散步，既是为了娱乐，也是每天必须做的事。当时出版的咨询文献也推荐妇女们散步，并嘱咐这对女性的健康有益。适合女性的室内活动包括音乐、舞蹈、绘画、缝纫或是所谓的“工作”，以及通过读书来提升自己，弥补教育上的不足——奈特利先生（Mr Knightley）尝试过鼓励爱玛去做这些事，但最终失败了。女人们还会阅读《女

[1] 流通图书馆，英国文化史上一种十分独特的现象，在18、19两个世纪对英国的出版业、大众阅读趣味乃至作家文学创作均曾产生极大影响。这类图书馆的业务重点在图书的流通，不以收藏、保存资料为己任，它由私人投资兴建，以营利为目的。

—— M. 豪顿（M.Haughton）的《作者给四个女士读手稿》（*Author Reading From A Manuscript To Four Ladies*）。在受过教育的人们中，读书是一种流行的消遣方式。尽管小说是一种曾被轻视的文学形式，奥斯汀一家仍特别喜欢读小说。简在 1798 年 12 月的一封信中写道：“我收到马丁夫人一封非常客气的信，要求把我的名字记入她的图书馆的订阅册里。为了吸引我过去阅读，马丁太太告诉我她所收藏的不只有小说，还有各种文学作品……她可以把这些都留给我们家，我们一家都是伟大的小说读者，也不会因此而感到羞耻。”

—— 约克郡（York）的一幢高大的乔治亚风格[1]（Georgian）的联排别墅。中产阶级的房子非常优雅，里面有精心制作的日常家具。餐厅里通常会摆放一张桌子、几把椅子、一个餐具柜或小桌子，以及一个酒柜。客厅里会摆放着软垫扶手椅和沙发，还有几张小桌子、一张写字台和一架拨弦键琴或一架钢琴，上面有家里的女士们做的绣品。地板上有地毯[2]或小地毯[3]，通常是自制的，墙壁上有嵌板、灰泥或壁纸。

[1] 乔治亚风格，是指大约 1714—1811 年期间，在欧洲特别是在英国流行的一种建筑风格。这期间英国正值汉诺威王朝统治时期，大约是乔治一世至乔治四世统治时期，可能乔治亚风格由此得名。

[2] 地毯（carpet），一大张从墙到墙固定铺在地板上的地毯。

[3] 小地毯（rug），一块可以随时移动的地毯。

士杂志》（*Lady's Magazine*）、《女士博物馆月刊》（*Lady's Monthly Museum*）、《贝尔法庭》（*Bell's Court*）和时尚杂志等。这些杂志刊物的作者为了娱乐而写作，这和一些专门为了出版而写作的作品一样流行。许多女性都像简·奥斯汀一样，通过信件与家人和朋友保持联系。对于这一时期的女性来说，写作是一项非常重要的职业，因此许多人在旅行时都随身带着便携式写字台。

中产阶级的男人和女人阅读广泛，他们还经营着书店和流通图书馆。奥斯汀一家很可能常常光顾巴斯廉价街（Cheap Street）的一家图书馆，其原因是这家图书馆藏书很多。1784年，这家图书馆刊登了一则广告，吹嘘自己有7000卷藏书，其中包括最现代的出版物、新书、评论、下议院的选票和报纸。随着通信技术的进步，各式各样的文学作品也逐渐普及大众。一些中产阶级家庭，特别是牧师家庭，会设有自己的图书馆；乔治·奥斯汀的图书馆大约有500本藏书。

中产阶级的人们还会参加赛马会和音乐会，去剧院看剧，参观博物馆、美术馆和娱乐花园。这一阶层的大多数家庭都拥有四轮马车，并到全国各地游览名胜、海滨胜地和温泉疗养地。旅行环境和设施的改善让他们有机会见识到当地社区之外的世界，这对那些生活中多处受限的妇女来说尤其重要。

和上层阶级一样，中产阶级的人也过着繁忙的社交生活，他们经常与社会地位较高的人交往。他们参加私人和公共的社

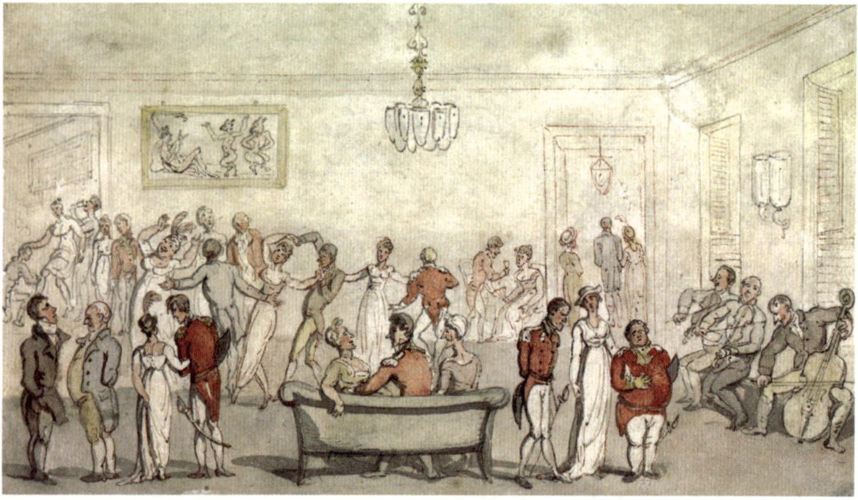

—— 托马斯 · 罗兰森[1]（Thomas Rowlandson）的《优雅的舞团》（*Elegant Company Dancing*，耶鲁大学英国艺术中心，保罗 · 梅隆收藏）。“那是一个令人愉快的舞会，比令人愉快还要好，因为有近 60 人参加，有时甚至结成了 17 对……总的来说，男人是稀缺的，更稀缺的是有价值的男人。十支舞中有九支我都参与了，五支是分别和史蒂芬 · 特里（Stephen Terry）、T. 丘特（T. Chute）、詹姆斯 · 迪格威德（James Digweed）跳的，四支是和凯瑟琳（Catherine）跳的。常常有两三个太太站在一起，可是很少有像我们这样和蔼可亲的。”(1800 年 11 月致卡桑德拉 · 奥斯汀的信）

[1] 托马斯·罗兰森，一位英国画家、漫画家。

交活动，也互相拜访、喝茶、交谈和打牌。在个人家中举行社交晚会也很流行，晚会内容通常包括即兴舞蹈和音乐表演。

中产阶级家庭

中产阶级的房屋种类繁多，从古老的庄园、大型农舍、杂乱的教区和坚固的现代住宅到狭小的房屋和最贫穷的副牧师的简陋住宅。较好的房屋至少有两个会客室和“办公室”，除此之外还设有厨房、食物储藏室、壁橱、洗衣房，很可能还有一个啤酒房。一个房子会有四五间卧室，阁楼上还有供仆人住的房间。

一个生活舒适的中产阶级家庭会雇用许多仆人，包括一个室内男工、多名女仆、一个男管家、一个园丁，如果他们有马车的话，还会雇一个马车夫。家中的女士们都有私人女仆伺候。那时的中产阶级过着越来越精致而奢侈的生活。

简·奥斯汀和中产阶级

简·奥斯汀和她在北汉普郡、南安普敦和巴斯乡下的朋友与邻居们一样，都是“中产阶级”。这些人是她最了解的人，也是她笔下所描写的人；她的小说里满是对她熟悉的士兵、水手、牧师、银行家、农民、妻子和母亲的描写。

—— 菲利普 · 达维（Philip Dawe）的《国内就业熨衣》（*Domestick Employment Ironing*，耶鲁大学英国艺术中心，保罗 · 梅隆收藏[1]）。雇佣仆人是有教养的标志。在《傲慢与偏见》中，班纳特太太（Mrs Bennet）告诉柯林斯先生（Mr Collins），她不要求她的女儿们做家务——“……班纳特太太严厉地对他说，她们雇得起一个好厨子，根本用不着女儿们在厨房里干活。”

[1] 耶鲁大学英国艺术中心，位于美国康涅狄格州纽黑文市中心，是英国以外规模最大藏品最全面的英国艺术收藏地点。该中心收藏的绘画、雕塑、素描、版画、手稿，反映了从伊丽莎白时期起英国的艺术和文化的发展。该中心成立于 1966 年，保罗 · 梅隆（Paul Mellon）将他的英国艺术收藏品赠送给耶鲁大学。

在她写作生涯的早期，简慢慢形成了小说家特有的心境。她能够把自己从周围发生的事情中抽离出来，她可以作为一个局外人来看待事情。简既是事件的参与者又是观察者，尤其是在社交聚会上。这可能会让她周围的人感到相当不安，查顿的邻居夏洛特－玛丽亚·米德尔顿（Charlotte-Maria Middleton）在回忆简的时候写道：

> 在宴会上，她常常坐在餐桌旁，一言不发，大概是在为她那些迷人的小说收集素材，而那时候我们对此一无所知。

她的观察和她对周围人的动机和行为的兴趣，使她能够从一个女人的角度，准确地描绘出当时英国中产阶级的生活。她还展示了在这个阶层里，人们的生活是如何紧密相连的。

05

下层社会的生活

爱玛心地善良，穷人有了难处，她不仅给予亲切关怀，不厌其烦地出主意想办法，而且还解囊相助。她了解他们的习性，能体谅他们的愚昧无知和所受的诱惑，鉴于他们没受过什么教育，也不寄望他们会有什么异乎寻常的美德。她对他们的困苦充满了同情，总是怀着一片善心，尽己所能地给予帮助。

——《爱玛》，第十章

处于社会金字塔底层的下层阶级被认为是社会自然秩序的一部分。人们相信上帝已经安排了一个人在社会中所处的位置，所以每个人都必须接受上帝给他们的安排。

这个群体有五分之四的人在乡下生活和工作。农村的下层阶级由自耕民、农业工人和从事相关行业的工人、熟练工匠和仆人组成。绝大多数是农业劳动者，他们生产羊毛、牛肉和小麦，这些都是他们经济的来源。

农村人生活在与世隔绝、自给自足的村庄里。尽管当时的道路和交通状况都在改善，但许多农村中的居民，尤其是较贫穷的人，并不会离开当地的集镇去很远的地方。去市场时，他们选择步行或乘马车。

一个不知名的艺术家画的《偷猎者》。一些贫穷的人们为了生存而偷猎。在 18 世纪早期，在乡村仍有大量的狩猎活动，人们对偷猎的态度比 19 世纪后期更加宽容。到了 19 世纪，人们对盗猎等财产犯罪的处罚十分严厉。

自耕农

自耕农[1]拥有大约5到50英亩[2]（acres）的小农场，为了生存，他们极其努力地工作，过着节俭的生活。当新的耕作方法被引进后，自耕农的生活变得更加艰难。在这一时期，他们负担不起新兴的农作方法的成本，所以无法像他们的竞争对手一样强大。有些人还因为从自给自足的农业向盈利农业的转型而遭受损失，他们的积蓄也随着农作物价格变化而波动。许多人由于损失惨重而卖掉了自己的土地，因为中世纪的条带状田地被大型圈地所取代。普通的荒地被圈起来种植庄稼，以养活不断增长的人口。这导致自耕农失去了在这片土地上放牧的权利。卖地者被迫成为农业劳动者，或者去寻找替代性的工作，或者沦为教区的负担。

别墅和寮屋居民

在自耕农地位之下的是佃户，他们拥有一小块土地的自由持有的农舍，在圈地之前，在开阔的田野上有一到两条条带，

[1] 自耕农，以小块土地私有制为基础、以单个家庭为经济单位、从事耕织相结合的个体农业劳动的农户。

[2] 英亩，1英亩=0.004047平方千米=40.468648公亩=6.0702846市亩=1,224.176601坪=160平方杆=4046.864798平方米。

—— 乔治·莫兰画的《树林里的吉卜赛人[1]》（*Gipsies in a Wood*）。吉卜赛人的营地是英格兰乡村风景的一大特色。吉卜赛人在乡间游荡，出售用天然材料制成的物品，比如篮子、扫帚和木制的衣钉。他们也会卖马。在《爱玛》中，哈丽埃特·史密斯和朋友冒险进入海布里（Highbury）附近的一片树林时，遭到了一群吉卜赛人的袭击。她的朋友设法逃走了，但哈丽埃特却被吓得呆在原地。还好，弗兰克·邱吉尔（Frank Churchill）及时赶到并救了她。当时，她吓得浑身发抖。

[1] 吉卜赛人，著名跨境民族。

威廉·雷德莫尔·比格（William Redmore Bigg）的《小屋的内部》（*Cottage Interior*）。农村穷人住的村舍通常有一两个房间。他们的屋子天花板都很低，地面是泥土铺的。村舍的窗户都装了玻璃，但窗户很少打开。屋子里几乎没有暖气，没有排水系统，甚至都没有自来水。厕所都是很罕见的。小屋靠火光和灯芯草蜡烛照明，灯芯草蜡烛是用浸过牛油的灯芯草做成的。尽管这样的农舍条件很差，但它们通常都很干净，而且保养得很好，就像图中所示的那样。

他们有权在教区的公共土地上放牧。对于有家庭的农户来说，如果不找到一些有报酬的工作是不可能生存下去的。他们为大农场主做牛仔、树篱工、挖沟工和田间劳动者。土地上可用的劳动力总是供大于求的，因此工资很低。一名农业工人在冬天一周能挣 7 到 8 先令，在夏天和收获季节则能挣更多。

村民的妻子们照料着家庭、孩子以及家里的动物和禽类。她们也做一些临时性的农活，尤其是在割草和收获的时候，她们还可以从纺织业等家庭手工业中赚钱。她们偶尔还为当地贵族做家务，或者给有钱人当保姆，这样她们就有机会赚更多的钱。

那些贫苦家庭的孩子也必须工作，因为他们的劳动是维系家庭运转所必需的。这些孩子从 6 岁起就开始工作，包括吓唬鸟儿把它们捉回家或者捡田里的石头。他们还帮助家里照看家禽，收集柴火和灯芯草去做灯芯草蜡烛，以及在收获后捡拾残余物。

这些佃户人家居住的拥挤小屋是用砖、石头或其他当地材料建造的，屋顶是用茅草、瓦片或石板瓦搭成的。他们有一到两间房间，这些房间的天花板很低，地面是泥土做的。虽然许多农舍条件都很差（没有多余的钱来修缮），但它们一般都很干净，维护得很好。

尽管农村贫困人口为生存而挣扎，但他们比居住在城市的贫困人口更健康，尤其是与居住在中部和北部新兴工业城镇的贫困人口相比。这是由于在乡下的人享有较好的饮食，主要包括面包、奶酪、鸡蛋、培根和家酿啤酒，也是由于他们有丰富的户外生活。

农村下层阶级中最穷的是那些住在荒地上的小棚子里，占用着一小块没有合法使用权的土地的人。和村里人一样，他们也从事农业劳动或接受教区的户外救济[1]。

商人和工匠

个体经营的商人和工匠也是农村经济的重要组成部分。许多人从事与农业有关的工作，包括铁匠、骡夫和磨坊主。其他一些人，如盖茅草屋屋顶的人、建筑工人、石匠、锯木工、木匠和修补匠,为整个社区提供了至关重要的服务。在较大的村庄，他们这个团体还包括店主和酒馆老板。

仆人

在贵族家中和乡下大房子里工作的大量仆人属于下层阶级。即使是最贫穷的牧师也会雇佣一两个仆人。仆人们需要长时间地为主人工作，这导致了他们几乎没有私人时间。同时，

[1] 户外救济，对不住在贫民院的贫民的施舍。

——乔治·莫兰的《狐狸旅馆》（*Fox Inn*）。乡村酒馆是乡村社区中一个非常重要的地方。酒馆内很舒适，铺着砖地，摆着木凳，为辛勤工作的村民在漫长的一天结束时提供了放松的地方。

—— 托马斯·罗兰森的《乡村场景》（*Village Scene*）。简·奥斯汀的小说以 18 世纪末和 19 世纪初英格兰的乡村为背景，她属于生活在乡村的下层绅士阶层的家庭。简从一个受过良好教育的女性的角度来描述英格兰，在给侄女安娜的信中写道：“一个乡村里有三四户人家，就像我的工作一样，只能用一支精巧的画笔在丁点大的象牙上轻描慢绘。”[1]

[1] 原文：...three or four families in a Country Village is the little bit (two inches wide) of Ivory on which I work...

他们的薪水很低，好在他们能从雇主那里得到小费和额外津贴，比如丢弃的衣服。贫穷家庭雇佣的女仆地位更低，几乎和奴隶差不多。

济贫法

一些工人由于特别贫困，不得不依靠教区的“户外救济”为生。在一些教区，这种救济以支付房租和食物补贴的形式出现。另一些教区，贫穷的人则是寄住在较为富裕的家庭中。至于那些因年老或生病而不能工作的人，除非有家庭帮助，否则唯一的生存途径就是接受教区济贫院的帮助。

城市贫民

在县城里，下层阶级的人从事着各种职业，包括劳工、建筑工人、打零工、仆人、店员、烟囱清洁工和街道清洁工。由于城市中的就业机会远远多于农村，许多人会从附近的农村搬来寻找工作机会。虽然他们的收入比农村的下层阶级高，但他们的生活仍旧艰苦单调。城市贫民的生活条件甚至比乡村贫民的生活条件更差，生活环境也并不安全。他们没有固定的居所，只能定期依赖教区的救济，这些人往往在济贫院里度过自己的一生。

休闲和娱乐

下层阶级的人们几乎没有时间或金钱来休闲。如果他们一年有几天不用工作，那就很幸运了。

在漫长的一天的劳作之后，村里的酒馆为疲惫的工人们提供了可以相互做伴、喝上一大杯啤酒的地方。他们还喜欢偶尔在村里的草地上玩板球或其他运动。

在全年定期举行的庆祝活动时期，农村贫困人口的生活充满了欢乐。这些节日包括忏悔节[1]（Shrove Tuesday）、五朔节[2]（May Day）和仲夏夜[3]（Midsummer's Eve）。在农历中也有与重要事件有关的庆祝活动，如在春天剪羊毛，在夏天晒干草和在初秋庆祝丰收。收获节是其中最重要的一个节日，所有的邻居都出来庆祝丰收的到来。人们用玉米捆做成罗马农业女神刻瑞斯（Ceres）的神像，并在游行队伍中高高抬着它。随后，地主负责举办狂欢会和丰收晚餐。已经举办了几个世纪的乡村集市也是重要的年度活动。成千上万的人都会参加这些

[1] 忏悔节，基督徒思罪忏悔的节日，在大斋节首日（圣灰星期三）之前的星期二举行，以表示谢肉节的结束，人们应准备封斋。亦称“忏悔火曜日”。在英国习称为“煎饼星期二”，人们在这一天要将斋戒节期间禁止食用的肉、油用完。

[2] 五朔节，欧洲传统民间节日。用以祭祀树神、谷物神、庆祝农业收获及春天的来临。

[3] 仲夏夜，是北欧国家的传统节日，每年 6 月 24 日前后举行。最初可能为纪念夏至日而设置，北欧改信天主教后，附会为纪念基督教施洗者约翰的生日（6 月 24 日）而设，后来其宗教色彩逐渐消失，成为民间节日。

R.W. 梅多斯（R. M. Meadows）的《一个蕨类植物修剪工的孩子》（*A Ferncutter's Child*）。农村下层阶级的孩子比城市中同等阶级的孩子更有优势，因为他们可以在农村工作和玩耍，他们的饮食也更加健康。下层阶级的家庭依靠他们的孩子帮忙做有偿工作和家务。通常在由老妇人主办的家庭小学，乡村的孩子比城市的孩子更容易接受一些教育。

交易会，这些交易会往往持续一个星期甚至更长时间。

简·奥斯汀和穷人们

简·奥斯汀帮助父亲完成牧师工作的时候，就接触到了史蒂文顿和迪恩的穷人。简和她姐姐经常去看望病人和穷人。她们为贫穷的村民做衣服，并把自己不需要的衣服送给他们。在查顿，简和卡桑德拉教村里的孩子读书写字。她们还结识了玛丽·本（Mary Benn），她是当地一位牧师未婚的妹妹，住在村里一间破旧的小屋里，生活十分拮据。本小姐经常被邀请到查顿小屋。当她在《傲慢与偏见》出版后不久拜访查顿小屋时，奥斯汀夫人向她大声朗读了这本小说，但没有透露简就是作者。

小说

关于下层社会的描述在简·奥斯汀的小说中几乎没有出现过。在《爱玛》中，爱玛和哈丽埃特·史密斯走访了海布里的穷苦村民，并且提到了约翰·阿布迪（John Abdy）的困境。约翰是一个退休的教区职员，几乎没有经济来源，他的儿子不得不为他申请教区救济。

在《傲慢与偏见》中，凯瑟琳·德·包尔夫人只有在当地居民发生争吵、心存不满或太穷的时候才会和他们扯上关系。

她的处理方式是走到他们身边，“解决他们的分歧，压制他们的抱怨，责骂他们直至他们变得和谐”。

《曼斯菲尔德庄园》的贝特伦夫人（Lady Bertram）大部分时间都和她的哈巴狗坐在沙发上，她和大多数富有的女士一样，懒得帮助社区里的穷人。

在简·奥斯汀的书中，读者可以了解到侍候女性角色的女仆和开门的男仆。但是，就像小说中其他下层阶级的成员一样，他们在现实生活中与绅士阶级的交集并不多。

06

史蒂文顿、查顿和乡下生活

寺院差不多就坐落在一大片斜坡的脚下，斜坡到了庭院外边，就渐渐地越来越陡，在半英里以外的地方是一道峭拔的陡坡，坡上林木茂盛，坡下是阿比－米尔农场，地势适宜而隐蔽，前面是草场，小河就在近旁，绕着草场蜿蜒而过。

这儿景色宜人，令人赏心悦目。英国的青葱草木，英国的农林园艺，英国的怡人景色，在灿烂的阳光的辉映下，丝毫不会带给人压迫感。

——《爱玛》，第四十二章

在英国的乔治时期和摄政时期，有五分之四的人口住在乡村或小城镇。尽管道路、交通和通信有所改善，但大多数乡村人，特别是穷人和住在农村的人，都过着与世隔绝、有点内省的生活。农村的社区很大程度上都是自给自足，与外界没有太多联系。

尽管农村居民比城市居民有更多的居住空间，也享有新鲜空气和更健康的户外生活方式，但是农村仍有许多贫穷和肮脏的地方。

这一时期对英格兰乡村的普遍描绘都是美丽的村庄，有着吸引人的茅草小屋，住着健康快乐的人们。这些描绘出来的田园牧歌是不现实的；大多数村庄，尤其是贫困地区的村庄，非常肮脏，许多人每天都在为生存而挣扎着。

史蒂文顿

简·奥斯汀出生在史蒂文顿教区，25 岁前她都在那里生活。史蒂文顿一直是北汉普郡白垩山上一个宁静的村庄，离奥尔顿（Alton）小镇不远。詹姆斯·爱德华·奥斯汀·利在给姑妈写的传记中描述了史蒂文顿周围的乡村：

> 这些小道蜿蜒曲折，周围环绕着不规则的天然草皮边界，通向宜人的角落……在这个略显温驯的史蒂文顿地区，由于地势起伏，树木繁茂，这里无疑是最美丽的地方之一。

由于地处偏远，外界的消息要经过一段时间才能到达史蒂文顿。特别是国外的消息，很多消息到达北汉普郡时早已过时。即使是欧洲发生的事件，对史蒂文顿居民的生活也几乎没有影响，除非有家庭成员直接参与其中。

史蒂文顿村由教堂、教区长住宅、庄园、农田和农舍组成。奥斯汀一家作为外地地主托马斯·奈特的亲戚，被视为他的代表。

托马斯·奈特有很高的社会地位，奥斯汀一家因而受到了其他居民的尊敬。与奥斯汀一家社会地位相当的是休·迪格威德（Hugh Digweed）家，这是由于他们租下了史蒂文顿庄园。在他们社会地位之下的是农民和村民，他们大多是农场工人和仆人，在史蒂文顿的生活围绕着耕作日历上的一些事件展开，如犁地、割干草和收获。

史蒂文顿教区长住宅

史蒂文顿教区长住宅是一座17世纪的砖砌建筑，在奥斯汀家族搬进来之前，于18世纪60年代进行了修缮。这个宅子的前门带有格子门廊，通向两间会客室中的一间。除此之外，这个宅子还设有七间卧室、三间阁楼、一间书房和厨房。啤酒屋、面包房、牛奶房、水井和水泵都位于教区住宅的后面。

这座房子足够容纳乔治·奥斯汀一家，以及他的学生和几个仆人。后来，当乔治·奥斯汀的儿子们都各自成家并离开了这个房子，学生们也结束学业后，简和卡桑德拉有了自己的起居室。在起居室里，这两个姐妹可以聊天、读书、缝纫以及做其他事情，比如简喜欢的写作。史蒂文顿教区长住宅的内部都有基本的陈设，但比当时的一般教区长住宅要好。在这座教区长住宅的后面有一个很大的老式花园，里面种着蔬菜和鲜花。花园的一边有一道茅草覆盖的泥墙，并且有一棵榆树供人们在夏天乘凉。

史蒂文顿教堂和庄园主的住宅

穿过几片树林，一条小路将教区花园与教堂连接起来。教

——简·奥斯汀用她帮助史蒂文顿和迪恩穷人的经历，在《曼斯菲尔德庄园》里描绘了普莱斯（Price）一家混乱的生活。“各种忙乱阻止了进一步的讨论。首先要付钱给司机，然后山姆（Sam）和丽贝卡（Rebecca）就如何安置妹妹的行李箱（trunk）发生了争吵，他将以自己的方式处理，最后，普莱斯先生本人走在前面大声疾呼，就像宣誓一样，将儿子的两格式行李箱（portmanteau）和女儿的装帽纸盒（band-box）踢到了走廊，并大声叫着需要蜡烛。但是没有人送来蜡烛，于是他走进了房间。”

堂位置偏僻，远离村庄的其他地方。建于 12 世纪的圣尼古拉斯教堂，有一座塔楼和短尖的顶，周围是一片被一棵古老的紫杉树的树荫所覆盖的墓地。教堂墓地围墙的一扇小门通向一座都铎王朝[1]早期（early-Tudor）的庄园主的宅邸，那里有石头门廊、直棂窗户和高高的烟囱。这座拥有 900 英亩农场的庄园已经被迪格威德（Digweed）家族租住了几十年。在奥斯汀时代，休·迪格威德、他的妻子露丝（Ruth）和他们的四个儿子住在这栋房子里。他们还占据了教堂里乡绅的席位。迪格威德一家是离奥斯汀家最近的邻居，他们的儿子会和奥斯汀家的孩子们一起玩。

农舍

简曾探访过她父亲贫穷的教区居民，她对史蒂文顿的农舍很熟悉。那里的地板和墙壁都很粗糙，而且常常很潮湿。英国乔治时代后期和摄政时期的生活水平低于中世纪，因此村民们正在经历一场残酷且永无止境的生存斗争。有些人甚至是出于

[1] 都铎王朝（1485—1603），是在亨利七世 1485 年入主英格兰、威尔士和爱尔兰后所开创的一个王朝，统治英格兰王国及其属地周围的地区。伯爵亨利·都铎于 1485 年 8 月，在法国援助下杀死理查三世，夺取王位，建立都铎王朝，史称亨利七世。都铎王朝统治英格兰王国直到 1603 年伊丽莎白一世去世为止，历经 118 年，共经历了五代君主。都铎王朝处于英国从封建主义向资本主义过渡时期，被认为是英国君主专制历史上的黄金时期。

史蒂文顿教区，该插图由安娜·奥斯汀（后来改姓为勒弗罗伊）绘制。“史蒂文顿的教区长住宅通常被描述得极其糟糕，但在我外祖父手中，它成了相当宽敞和方便的住所。他把房子扩建了一番，使之变成一个非常舒适的家庭住宅，又用墙围出了一个很好的果菜园，种上了‘东风’[1]。宅子向阳的一面是一个花草丛生的花园，以及一个草皮铺成的平台。平台由一条被称为‘林间小径’的小路与一道小门相连，这条小路蜿蜒穿过矮树丛，延伸到高大的榆树边，从牧场的上边绕过。”

[1] 原文：and planted out the east wind.

绝望而被迫犯罪，比如偷羊和偷猎，但这些轻微的犯罪会受到残酷的惩罚。简·奥斯汀的信中提到了许多村民，包括在奥斯汀还是婴儿时就照顾他们的利特沃斯（Littleworth）一家。

干酪农场

为了维持生计，除了充分利用附属于教区的 3 英亩土地外，乔治·奥斯汀还从托马斯·奈特那里租用了位于史蒂文顿的 200 英亩的干酪农场来增加收入。在两个农场管家的帮助下，乔治积极参与经营农场。农场的农产品由奥斯汀一家使用，剩余的部分卖出去。

邻居和朋友

奥斯汀家族有许多与他们社会地位相同的邻居和朋友。在附近的迪恩教区，就是乔治·奥斯汀担任教区长的地方，他们的朋友有住在迪恩府（Deane House）的哈伍德（Harwood）一家和住在奥克利府（Oakley Hall）的布拉姆斯顿（Bramston）一家。阿什（Ashe）教区长乔治·勒弗罗伊牧师（Revd George Lefroy）和他的妻子安妮（Anne）是奥斯汀夫妇的好朋友。勒弗罗伊太太和简特别亲近。阿什庄园的主人是詹姆斯·霍尔德（James Holder），一个在西印度群岛发家致富的单身汉。

①史蒂文顿的圣尼古拉斯教堂。“离开草地，我们进入了一片小树林，一走出这片树林，我们就来到了高地。我们头顶上是教堂，它是一座朴素的灰色建筑，透过高大的榆树和梧桐树的遮蔽，隐约可见。我们身后是一片肥沃的山谷，渐渐消失在蓝色的远方。”（简·奥斯汀，她的家和她的朋友，康斯坦斯山）

②史蒂文顿庄园，安娜·奥斯汀（后来改姓为勒弗罗伊）画的插图。“我们离开了黑暗的教堂，再次走向阳光；穿过一扇小门，我们就来到了一片点缀着大梧桐树的广阔草坪上。树的那一边耸立着一座都铎时代早期的庄严的宅邸，石头门廊，厚重的直棂窗户，巨大的烟囱上爬满了常春藤——那是古老的史蒂文顿庄园。”（简·奥斯汀，她的家和她的朋友，康斯坦斯山）

简和卡桑德拉的朋友伊丽莎白（Elizabeth）、凯瑟琳（Catherine）和阿莱西娅·比格（Alethea Bigg）与她们的父亲和哥哥一起住在曼唐庄园（Manydown Park），离史蒂文顿只有几英里。

史蒂文顿教区的生活

奥斯汀一家在教区里过着简朴的生活，钱只够维持生计。当乔治·奥斯汀忙于他的文书工作和他的农场时，他的妻子负责照料房子、花园、家禽和动物。

简和卡桑德拉回到家中后，喜欢在史蒂文顿周围的乡间散步，沿着小路去奥尔顿。简会单独走几英里到波波姆巷（Popham Lane）去取家里的邮件。

奥斯汀夫妇经常与亲戚互访，乔治·奥斯汀的侄女伊丽莎（Eliza）经常住在他们家。她们享受着与当地绅士们同样忙碌的社交生活。当奥斯汀姐妹长大后，她们开始参加贝辛斯托克的舞会（Basingstoke Assembly Rooms）。

就是在这些年中，简开始写作。据她的侄子说，史蒂文顿是“她智慧的摇篮”[1]。简在早期作品中磨炼了自己的写作技巧，可以做到在小路和树林里散步的时候，在脑海中构思小说。

[1] 原文：the cradle of her genius.

查顿

1809 年 7 月，奥斯汀太太和她的家人从南安普顿搬到汉普郡农村的查顿投奔爱德华・奥斯汀。奥斯汀太太他们住在爱德华的房子里（这座房子以前是爱德华的房地产经纪人住的）。简很高兴他们要搬回乡下了。

查顿小屋

简在查顿小屋度过余生，小屋坐落在从村庄通往温彻斯特的繁忙道路和通往戈斯波特（Gosport）的岔路口附近。这个岔路口有一个小池塘。

在简他们搬来之前，小屋做了一些改动。最明显的变化是前面一扇可以俯瞰道路繁忙景象的窗户被堵住了。房子的一侧加了一扇新窗户，从这个窗户可以俯瞰花园。这个小屋是一座粉刷过的砖房，实际的建筑比它本来设计的要大。这个屋子配有两间会客室、一间餐厅、六间卧室和供仆人使用的阁楼，以及一间厨房和用于洗涤、酿造、烘焙和存放小驴车的外屋。简的侄女卡罗琳（Caroline）说，这座小屋装修得很好，“完全是一个舒适而高贵的场所”。

奥斯汀夫人每天早上都坐在餐厅里，做针线活和写作，有时会看看来往的车辆。搬回史蒂文顿后，简又开始写作了。她通常坐在小客厅里写作，因为没有单独的书房可供她使用。房子后面有一个大花园。花园带有草坪、乔木、果树、灌木、花卉和一个果菜园。

查顿小屋的生活

住在查顿小屋的女士们过着平静的生活；她们唯一的交通工具是小型的驴车，因此她们走不了多远。这些女士们不再参加舞会或其他社交活动，而是更多地关注邻里之间的关系。虽然邻里之间距离相对较远，她们依旧与邻居们保持友好的关系。

在乡村的生活给了奥斯汀夫人照料花园和家禽的机会，而年轻的妇女则负责料理家务。由于在乡村的生活较为简单，简就有了大把的时间花在写作上。在 1809 年至 1816 年间，她为前三本要出版的小说做了准备，并完成了最后三本小说：《曼斯菲尔德庄园》《爱玛》和《劝导》。她很高兴自己早期的小说可以出版，并为用它们赚到了钱而激动。

简的兄弟们和他们的家人是查顿小屋的常客。在简的侄女卡罗琳·奥斯汀的记忆中，这是一个幸福和谐的家，有很多的客人来来往往。安娜·奥斯汀有时会陪着她的姑姑们散步到奥尔顿去购物、参观流通图书馆。后来安娜结了婚，搬到了奥尔顿附近的怀尔兹农场（Wyards），她的姑姑们经常来看她。

——查顿小屋。简·奥斯汀在这里度过了她生命的最后八年。这座 17 世纪的建筑最初是一个客栈，后来被查顿庄园的经理占用。1845 年卡桑德拉·奥斯汀去世后，这座房子被用作劳工的住所。1948 年，简·奥斯汀纪念基金会（Jane Austen Memorial Trust）将这栋房子赠予他人，并将它尽可能地恢复成简的侄女卡罗琳所怀念的“舒适的妇人住所”。它后来作为博物馆开放。

查顿和史蒂文顿一样与世隔绝。这些居民只有在自己的家人们参与到战争的时候才会受到这些大变动的影响。简在一封写于半岛战争时期（Peninsular War）的信中说：“有这么多人被杀是多么可怕啊，愿主保佑他们。”[1]

奥斯汀夫妇称查顿宅子为查顿大宅，离查顿小屋只有几分钟的步行距离。这所房子是爱德华·奥斯汀在1797年继承的遗产。这是一座建于17世纪的伊丽莎白时代的宅邸，坐落在一座美丽的庄园里。1813年，爱德华·奥斯汀和他的孩子们在刚空出来的查顿小屋度过了一个夏天，这样一来，住在小屋里的人就可以享受他们的陪伴了。

在查顿府前的一个平缓的山谷里，矗立着13世纪的圣尼古拉斯教堂，奥斯汀夫妇就是在这里做礼拜的。从1801年起，查顿的教区长是约翰·帕皮隆（Revd John Papillon），他和妹妹伊丽莎白（Elizabeth）住在附近的教区。1816年，亨利·奥斯汀在改行后，成为查顿的助理牧师（Curate of Chawton）。

查顿的村民

奥斯汀一家在查顿认识了许多贫穷的居民，他们住在繁忙公路两旁的小屋里。简·奥斯汀信中提到过的几个村民，其中

[1] 原文：How horrible it is to have so many people killed. And what a blessing that one cares for none of them.

托马斯·罗兰森的《收割庄稼》（*Harvesting*）。乡村居民的生活围绕着农耕和庆祝活动展开，其中最重要的就是在夏末收获的那一天。农夫和牧师带领着长长的队伍把收获的庄稼带回家。在队伍中，人们的习俗是把最后一束麦子制成的一辆玉米手推车抬起来，用以庆祝丰收。农夫还会为佃户和当地村民举行丰收宴会来庆祝丰收季节，宴会内容包括听音乐、跳舞和做游戏。

就有本小姐（Miss Benn）。本小姐是附近法灵顿（Farringdon）村教区牧师约翰·本（Revd John Benn）的妹妹，后来成了奥斯汀一家的朋友。

简在查顿的最后几个月

在查顿小屋的幸福生活并不长久。因为在1816年年初，简开始生病。目前，研究人员还不清楚她究竟患了什么病，但有可能是阿狄森氏病（Addison's disease，一种罕见的肾上腺疾病）。在接下来的一年里，简的病情逐渐恶化。直到1817年5月，卡桑德拉带她来到温彻斯特（Winchester），住在医生吉尔斯·金·莱福德（Giles King Lyford）身边。吉尔斯是温彻斯特医院的普通外科医生，简一直接受着他的治疗。从简来到温彻斯特治病直到她去世，她再也没有回到查顿。

小说

简在汉普郡乡下的生活为她的小说提供了很多素材，所以这些小说的大部分情节都发生在乡村。当时，简的侄女安娜正在写自己的小说，并向她的姑姑寻求建议。简在给安娜的一封信中写道："在一个乡村有三到四个家庭是值得去详细研究的。"这是她对自己的小说的很好的描述，尤其是《爱玛》，它讲述了萨里郡（Surrey）里几个贵族家庭的乡村生活。海布里是一个组织严密、自给自足、有些内省的社区，简的创作灵感来自她自己的乡村生活经历。

虽然简的灵感来自她自己的生活，但她笔下的世界是经过美化的。在简笔下的世界里，有许多不愉快的事情都没有被如实描述出来，比如极端贫困和犯罪。对此的解释可以在《曼斯菲尔德庄园》中找到，她说自己拒绝“纠结于内疚和痛苦”。简更喜欢把注意力集中在愉快和积极的方面，这与她在信中表现出的开朗和幽默的性格很相称。她小说中所描绘的充满阳光和井井有条的世界，可能就是她真正想要的生活。

07

奥尔顿、贝辛斯托克、南安普顿、温彻斯特和城镇生活

在英国，没有比这里更富饶、更宜人的地方了。我相信，也没有比这里更健康的生活了。这里除了奥尔斯福德镇（Alresford）和南安普顿镇，还有 17 个村庄，每个村庄在其边界上都有自己的教区教堂，这充分地证明了这个山谷和周围的乡村的富饶。当人们思考着这些地方为什么那么富裕的时候，答案只有一个：这个山谷附近有一个城市（如温彻斯特）或者这个城市是英国国王居住多年的地方。

——威廉·科贝特[1]（William Cobbett），《乡村骑行》（*Rural Rides*）

在 18 世纪的英格兰，人们陆续搬到城镇和城市寻找工作机会，其中还包括来自爱尔兰、苏格兰和威尔士的农村地区，以及欧洲大陆的人们。随着城镇条件的逐步改善，整个英国在逐渐城市化。

18 世纪末，英国国会通过法案，赋予省级城镇改善照明、排水、清洁、道路铺设和治安的权力。

许多城镇中心都得到了翻修或者重建，变成了流行的古典风格。人们开始建新的剧院、会场、赛马场等设施。

由于整个国家的城市化，交通逐渐繁忙起来，道路环境自然而然也得到了改善。许多新开发项目都建在肮脏的贫民窟街

[1] 威廉·科贝特，英国散文作家、记者，英国政治活动家和政论家。小资产阶级激进派的著名代表人物，曾为英国政治制度的民主化而进行斗争。

道附近，这些街道曾使英国的城镇显得破败不堪。

奥尔顿

奥尔顿是离史蒂文顿和查顿最近的城镇。它是一个繁忙的集镇，通过耕种周围肥沃的土地而致富。这个城镇的主要产业是啤酒花种植和织物制造。镇上有许多漂亮的乔治王朝时期的房屋，以及各式各样的商店和会议室，还有一座 11 世纪的教堂，一座 17 世纪的贵格会[1]（Quaker）会堂。

奥尔顿是伦敦至朴次茅斯公路上的一个重要中转站：它有两家旅馆供旅客住宿，分别是“天鹅旅馆”（Swan）和“皇冠旅馆”（Crown）。这条公路上，有一种六匹马拉的公共马车，叫“奥尔顿马车”（Alton Machine）。这种公共马车定期往返于伦敦和南安普顿之间，途经奥尔顿。奥斯汀一家往返伦敦时会乘坐这种公共马车，因此他们有时会在奥尔顿停留。

直到 1816 年，亨利・奥斯汀的银行交易都发生在繁华的商业街区，离特里默先生（Mr Trimmer）的办公室和药剂师柯蒂斯先生（Mr Curtis）的商店不远。特里默先生是爱德华・奥斯汀的律师，而柯蒂斯先生在简生病期间曾给她建议。格雷先

[1] 贵格会，是基督教的一个教派，又称教友派或者公谊会，是基督教新教的一个派别。该派成立于 17 世纪，创始人为乔治・福克斯，因一名早期领袖的号诫“听到上帝的话而发抖”而得名 QUAKER，中文意译为“震颤者”(tremble)，音译贵格会。

生（Mr Gray）的食品店也在繁华的商业街区，奥斯汀一家经常光顾。奥尔顿镇上每星期六有一个集市，并且每年举行两次大型的集市，一次在 4 月底，另一次在米迦勒节[1]（Michaelmas Day）。

简和卡桑德拉·奥斯汀会步行到奥尔顿去买衣服和其他物品，并使用流通图书馆。她们还参加了奥尔顿大型集市。1809年，当弗兰克·奥斯汀还在海上出航的时候，他的妻子玛丽（Mary）和他们的女儿搬到奥尔顿的玫瑰小屋（Rose Cottage）。弗兰克于1811年回到家中，他和他的家人们在玫瑰小屋又住了一年。1816年以后，奥斯汀姐妹经常到奥尔顿附近的旧农舍怀尔兹去看望她们的侄女安娜和她的丈夫本·勒弗罗伊（Ben Lefroy）。

贝辛斯托克

18 世纪末，贝辛斯托克是一个有着约 2500 人口的小集镇。它离史蒂文顿只有 9 英里，离查顿 13.5 英里。在贝辛斯托克和其周边地区，麦芽酿造是一项重要的产业。它们不仅负责当地的啤酒供应，也要向伦敦供应啤酒。

[1] 米迦勒节，是纪念天使长米迦勒的节日，西方教会定于 9 月 29 日，东正教会定于 11 月 8 日。其日期恰逢西欧许多地区秋收季节，节日纪念活动十分隆重，尤其在中世纪，许多民间传统习俗都与它有关。

—— R. 格兰迪 · 希普（R.Grundy Heape）画的《有锉刀和王冠标志的鼻烟店》（*The Snuff Shop at the Sign of the Rasp and Crown*）。许多乔治和摄政时代的商店都有小的窗格、弓状的窗户，就像这张插图所示。在这一时期，城镇里有各种各样的商店，包括药店、制鞋店、缝纫用品店、服装店、蜡烛店和杂货店。许多房子改建出来，临街的底层是各类商铺，而上面的楼层是店主住的地方。这时，政府正在逐步推行以街道编号取代招牌，不过商铺招牌仍然存在。商人们在当地发宣传卡片来吸引顾客，也会在报纸上做广告。

贝辛斯托克是通往西南路线上的一个重要途经点。马车从索尔兹伯里（Salisbury）、埃克塞特（Exeter）、南安普顿、巴斯和布里斯托尔（Bristol）到伦敦都要经过这个城镇。因此城镇里设有许多旅店，其中主要的马车旅馆有皇冠（Crown）旅馆、威特施福（Wheatsheaf）旅馆和梅登黑德（Maidenhead）旅馆。奥斯汀一家往返肯特、巴斯和伦敦时经常经过贝辛斯托克。

简和卡桑德拉·奥斯汀住在史蒂文顿时，经常参加贝辛斯托克镇上的舞会，舞会地点可能是在市政厅楼（Town Hall）上的房间。她们也可能参加过在安杰尔客栈（Angel Inn）举行的舞会，那里的马厩上方也有一个小舞厅。简的家人还会在镇上购物——奥斯汀家的女士们是布衣商戴维斯夫人（Mrs Davis）的顾客。奥斯汀先生会在贝辛斯托克买墙纸、窗帘和家具，其中包括一张他在 1794 年 12 月为简买的红木小写字台。这个写字台可能是奥斯汀先生送给简的 19 岁生日礼物。

南安普顿

南安普顿是英格兰南海岸的一个古老的城市，它被中世纪的城墙遗迹所包围着。同时，南安普顿还是个繁忙的海港。在 18 世纪，南安普顿因海滨广场附近的海水浴和药用水域闻名于世。后来人们试图把这座城市改造成温泉胜地，但由于自然资源有限，人们的尝试并没有成功。然而，南安普顿是一个

约翰·博格尔（John Bogle）的《月光下的守夜人》（*Night Watchman With His Lantern*，耶鲁大学英国艺术中心，保罗·梅隆收藏）。这一时期的大部分犯罪类型都和侵犯财产有关。然而，这时的刑法很严厉，约有200种罪行可判处死刑，包括诸如扒窃12便士这样的轻罪。拿着灯笼和棍棒的守夜人会在晚上到城镇的街道上巡逻。不仅如此，守夜人还负责看守所（罪犯在这里被短暂拘留）。正规军或民兵负责平息严重的骚乱。司法在地方由治安法官执行，治安法官通常是当地的土地所有者。公众可以参观监狱里的囚犯。1813年11月，简·奥斯汀和她的弟弟爱德华以地方法官的身份参观了坎特伯雷监狱（Canterbury Jail）。

值得重复光顾的地方。它吸引了许多上流社会的成员，甚至是皇室成员也迷恋这个地方。因此，街上随处可见穿着时髦的男女。他们也会去当地的剧院，或者是在多尔芬旅馆[1]（Dolphin Hotel）的长厅（Long Room）里跳舞。有钱人退休后会选择到南安普敦享受海边的新鲜空气。不仅如此，南安普顿还有大量的军事储备。因为骑兵兵营驻扎在那里，士兵们会从码头出发前往海外。

简·奥斯汀和南安普顿

简·奥斯汀的侄子把她在南安普顿的家描述为“城堡广场一角的宽敞老式房子”。从这个大花园可以看到索伦特河（Solent）和过往的帆船，花园的一边是该城的古城墙。花园的台阶通向墙顶，墙顶宽得足以让人走过去。这个花园给简带来了极大的快乐，据说是“镇上最好的”花园，里面有野蔷薇、玫瑰、紫丁香、金链花和浆果。

奥斯汀一家在搬到南安普顿定居之前，已经有了一些人际关系。巴特勒－哈里森（Butler-Harrisons）一家是简父亲的远房表亲，住在镇上的圣玛丽区（St Mary's district）。梅特兰夫人（Mrs Maitland）是詹姆斯·奥斯汀第一任妻子的妹

[1] 多尔芬旅馆，是镇上五家驿马旅馆之一。

妹，住在阿尔比恩广场（Albion Place），而奥斯汀夫人已故的外甥女简·库珀的丈夫托马斯·威廉姆斯爵士（Sir Thomas Williams）则住在南安普敦附近的布鲁克兰（Brooklands）。

当简第一次到达南安普敦时，她说她“并不期待能结交到很多朋友”，这可能是因为她不希望在城里久留。但奥斯汀一家很快就结交了一些熟人，其中许多都是弗兰克在海军军队里的朋友。他们还在万圣会教堂（All Saints Church）结识了新朋友，并成为那里的常客。

简在南安普敦生活期间，喜欢在小镇和海滨散步，在伊钦河（River Itchen）和附近的奈特利修道院（Netley Abbey）废墟上闲逛。她一定也到访过朴次茅斯，那里有轮渡去往南安普顿，在那里她获得了描写《曼斯菲尔德庄园》中的海军小镇时会用到的地形知识。

奥斯汀一家继续享受他们悠长的闲暇时光。他们晚上一起阅读，但是简在南安普顿的时候从不写作。奥斯汀一家的社交生活主要局限于参加小型聚会。他们打牌、听音乐，偶尔也会举办自己的聚会。

简很少去南安普顿参加舞会，而且不知道为什么，法国街（French Street）的剧院令她非常失望。在奥斯汀一家离开小镇前的几个月里，简的社交生活变得繁忙起来。在 1808 年 12 月 9 日的一封信中，简写道：“由于我们即将搬走，越来越多的娱乐活动伴随着我们。是的，我要尽可能多地去参加舞会，弗雷德里克·理查德·莱恩（Frederick Richard Lane）的《南安普顿湾》（*Southampton Water*，耶鲁大学英国艺术中心，保罗·梅隆收藏）。“无论是在居住方面还是在健康恢复方面，几乎没有地方能与南安普敦相媲美。南安普敦内可以提供人们所需要的任何设施。南安普敦有水上游览项目、滨海步行大道、美得无与伦比的景色。不仅如此，这里还设有聚集贵族和绅士的座位。如画的环境、令人印象深刻的物品以及富饶的美景，既悦人眼目，也丰富了画家的写生簿。”[《老南安普顿指南》（*Old Southampton Guide Book*）]

这样我就可以和别人讨论一些事情。”到这个时候，简已经不再跳舞了，她更愿意做观众而不是参与者。

温彻斯特

温彻斯特是英国的古都，离史蒂文顿 16 英里，离查顿 14 英里。在简·奥斯汀生活的时代，它是一个人口不足 6000 人的安静集镇。18 世纪，温彻斯特的大部分地区得到重建。自重建后，这个地区建起了许多新房子，而一些老房子则保留了乔治时代的外观。在众多的新建筑中，有皇家汉普郡医院（Royal Hampshire County Hospital，1744 年）和犹太街剧院（Jewry Street，1785 年）。在 18 世纪 70 年代，街道的路面逐渐铺设好，点起了油灯。

简·奥斯汀很了解温彻斯特。她的朋友阿莱西娅·比格（Alethea Bigg）和伊丽莎白·希思科特（Elizabeth Heathcote）就住在那里，她的几个侄子也在温彻斯特学院（Winchester College）就读。1817 年 5 月，简的健康状况急剧恶化，她和卡桑德拉住在了温彻斯特，以便离她的主治医生（在温彻斯特医院工作）近一些。她们住在大卫夫人（Mrs David）的一所小房子里，房子就在大教堂后面，可以俯瞰温彻斯特学院校长的花园。简的朋友阿莱西娅和伊丽莎白资助简和卡桑德拉度过了简生命中最后几周的艰难时光。

①温彻斯特学院街8号（8，College Street，Winchester）。简·奥斯汀在这栋房子里去世。简在给外甥詹姆斯·爱德华的最后一封信中写道：“我们的住处非常舒适。我们有一间整洁的小客厅，带凸窗，可以俯瞰加贝尔医生（Dr Gabell）的花园。多亏了你父母的好意，给我送来了马车，我星期六到这儿来的路上只感觉有一点点疲惫，要是天气好，我想我是不会累的。只是看到亨利叔叔（Uncle Henry）和威姆·奈特（Wm. Knight）因为需要细致地照顾我们，他们几乎一路上都在雨中骑马，我感到很难过。”

②温彻斯特教堂（Winchester Cathedral）。1817年7月24日，简·奥斯汀被安葬在大教堂。当时还没有妇女参加葬礼的习俗，所以卡桑德拉·奥斯汀不得不留在家里。在给侄女范妮的信中，卡桑德拉描述了送葬队伍：“但是我下定决心要看最后一眼。一切都非常平静地进行着，因此在听队伍的脚步声的时候，我不知道他们是什么时候离开的。我看着这支悲伤的小队穿过街道，当他们带着简的遗体从我的视线中消失时，我就永远失去了她——即使在那时，我也没有被压垮，也没有像我现在写这封信时这么激动。”——照料简遗体的人从来没有像她这样真诚地哀悼过。

1

2

小说

简·奥斯汀基于自己对一些乡村小镇的了解，完成了对《傲慢与偏见》中的麦里屯和《爱玛》中的海布里的描绘。麦里屯被描述为赫特福德郡（Hertfordshire）的“一个小集镇”。这个小镇非常重要，以至于它设有自己的集会厅和市长。班纳特太太（Mrs Bennet）的妹妹菲利普斯太太（Mrs Phillips）住在麦里屯，离隆伯恩村（Longbourne）有 1 英里的距离。吉蒂（Kitty）和莉迪亚·班纳特（Lydia Bennet）经常步行到麦里屯去看望她们的姨妈，逛一家女帽店，还跟驻扎在那里的民兵团的士兵们调情。

《爱玛》中的海布里被描述为“一个人口众多的大村庄，几乎相当于一个城镇”。村庄里有教堂、教区、几所大宅子、农舍、商店、一个大客栈和一个药剂店，它具有乔治时期的乡村城镇的所有属性。许多读者猜测麦里屯和海布里是以真实的城镇为原型的。有人认为麦里屯是赫特福德郡的韦尔（Ware），而海布里则是萨里郡（Surrey）的莱瑟黑德（Leatherhead）、德林（Dorking）和伊舍（Esher）。然而，就像简在创造她的虚构角色时提取了许多人的品质和特征一样，她在虚构这些地区时也可能聚合了许多真实的地方的特征。简自己曾经说过，她“渴望创造而非复制”。

08

伦敦

我认为我们在大概四点钟的时候到达了斯隆街（Sloane St.）。亨利亲自来接我，等把我放在车尾的行李箱和篮子（Trunk & Basket）从一堆行李箱和篮子中翻找出来后，我们就坐在一辆豪华的、又大又脏的出租马车上（Hackney Coach），前往汉斯广场（Hans Place）。

——简·奥斯汀（1814 年 8 月 23—24 日的信）

乔治晚期和摄政时期的伦敦，不仅是政府和金融中心，也是重要的贸易、商业、制造业和文化中心，还是一个不断扩张的帝国的首都。伦敦是一个充满极端状况的城市：这是一个富有、美丽和优雅的地方，同时也是一个贫穷、丑陋和肮脏的地方。在离首都繁华地段不远的地方，是威廉·霍加斯[1]（William Hogarth）在 18 世纪早期的版画中描绘的不那么美好的地方。

首都的人口在 18 世纪翻了一番，达到 96 万。人口的增长主要集中在 18 世纪后半叶。这种快速增长源于大量的移民。

[1] 威廉·霍加斯（1697 年 11 月 10 日—1764 年 10 月 26 日），英国著名画家、版画家、讽刺画家和欧洲连环漫画的先驱。他的作品范围极广，从卓越的现实主义肖像画到连环画系列。他的许多作品讽刺和嘲笑了当时的政治和风俗。后来这种风格被称为“霍加斯风格”，他也被称为 " 英国绘画之父 "。

——塞缪尔·科林斯（Samuel Collings）的《泰晤士河上的霜》（*Frost on the Thames*）。1600 年到 1814 年这段时期被称为“小冰河期”，冬天异常寒冷，连泰晤士河都被冻住了。抓住商机的伦敦人在冰上举办了壮观的霜冻集市。这里设有商店、货摊、酒吧、体育运动和各种娱乐活动。集市吸引了大批的人。18 世纪，这里共举办过三个集市。到了 19 世纪，气候变暖，严冬结束了。最后一次霜冻集市在 1814 年 1 月举行。没有记录显示简·奥斯汀参加过霜冻集市。

他们主要来自英国的其他地区，从农村搬到首都来寻找工作。还有一些移民来自欧洲和其他地方的移民社区，这些移民把伦敦变成了一个充满活力的国际大都市。

住房和发展

伦敦有两个截然不同的部分——金融城（the City）和伦敦西区（the West End），都是在圣詹姆斯宫（St James）周围发展起来的。随着伦敦越来越富裕，越来越多的大房子建了起来，两极分化和极端情况越来越多。在1700年到1800年间，伦敦的建筑面积翻了一番。因此，周边的萨里郡和米德尔塞克斯郡（Middlesex）受到了越来越多的侵占。尽管如此，伦敦的市中心仍然靠近绿色的田野和开阔的乡村。

伦敦金融城的发展是零敲碎打、杂乱无章的。许多中世纪的法庭和小巷仍然存在。城市周围的大部分教区都住着穷人。他们住在疾病肆虐的贫民窟里，这些贫民窟是由以前中产阶级居住的大房子改造而成的。这些贫民窟包括斯皮塔佛德（Spitalfields）、怀特查佩尔（Whitechapel）、贝思纳尔格林（Bethnal Green），最臭名昭著的是靠近考文特花园（Covent Garden）的七晷区（Seven Dials）。

相比之下，伦敦西区的开发规划得当。在伦敦西区的开阔的广场上，有着新古典主义风格的房子，外墙粉刷着灰泥。这些优雅的房子是为富人建造的，通常以拥有这些房子所在的那片土地的家族命名。新建的街道又直又宽，把广场排列成网格状。在 1750 年和 1769 年，威斯敏斯特桥（Westminster Bridge）和黑道修士桥（Blackfriars Bridge）陆续建成，泰晤士河（the Thames）以南的地区从而得到了发展。许多技艺高超的工匠搬到了这些新郊区。这一时期新建的公共建筑包括政府部门所在的萨默塞特府（Somerset House），以及白厅[1]（Whitehall）的新政府办公室。大英博物馆（British Museum）的建设工作在这时也开始了。军事方面，人们建造了许多码头、海军造船厂和兵营。宗教方面，新的礼拜场所包括在城市路（City Road）的卫斯理教堂（Wesley's Chapel）、两个犹太教堂和法国新教徒的教堂（French Protestants）。

街道和交通

此时的伦敦是繁忙、嘈杂、肮脏的。伦敦的街道总是烟雾弥漫或者雾蒙蒙的。街道上非常拥挤，各式各样的车辆在修建得很差的道路上争抢空间。虽然人行道也很拥挤，但乘轿子或步行通常会快一些。道路隐患包括糟糕的路面、垃圾、手推车、

[1] 白厅，英国伦敦市内的一条街。它连接议会大厦和唐宁街。在这条街及其附近设有国防部、外交部、内政部、海军部等一些英国政府机关。因此人们用白厅作为英国行政部门的代称。

动物和其他行人。甚至走在路上还有被狗舍或路边沟渠的泥浆和泥土溅到的危险。糟糕的街道照明进一步增加了在路上通行的危险。泰晤士河是一条交通要道，河里挤满了帆船、驳船、拖船和运送乘客的小艇。

商店和购物

伦敦的日益繁荣导致了消费主义的迅速崛起，甚至在不太富裕的阶层中也是如此。各种各样的市场和商店为首都服务。专门的食品市场包括Billingsgate（鱼）、Smithfield（肉）和Covent Garden（水果和蔬菜）。从街市和小商店也可以买到日常的食物。在街上，有大批的小贩叫卖着他们的商品，出售各种小物件，如玩具、鲜花、家庭用品，以及现成的食品。

伦敦的商店主要分布在齐普赛街（Cheapside）、佛利特街（Fleet Street）、戏剧和商业街（Strand）、新建的邦德街（Bond Street）、摄政街（Regent Street）和伦敦西区的皮卡迪利大街（Piccadilly）。伯灵顿拱廊[1]（Burington Arcade）建于1815年至1819年间，也就是这一时期的末期。售卖相同类型产品的商店往往被规划在一起。例如，蒙茅斯街（Monmouth Street）就有很多二手服装店，齐普赛街是小

[1] 伯灵顿拱廊，伦敦一个有盖的购物廊，位于庞德街后面，从皮卡迪利街到伯灵顿花园。它是 19 世纪中期的欧洲购物廊和现代购物中心的先驱之一。

商品销售商和布帘商的所在地，帕特诺斯特街（Paternoster Row）上可以找到女裁缝和女帽商。商铺之间存在激烈的竞争，很多商店从清晨一直开到深夜。为了吸引顾客，商人们非常重视橱窗的布置和商店内部的装饰。由于街道编号法只是初步引入，并没有做强制要求，许多商店仍旧使用招牌。例如，在佛利特街，在反射显微镜和眼镜的招牌处可以找到一位科学仪器制造商，在考文特花园的查尔斯街（Charles Street），在皇冠和蜂箱的招牌处可以找到一个牛油供应商。

贸易和工业

伦敦是一个繁荣的工业、贸易和商业中心，同时，也是一个国际服务中心。在伦敦，大型重工业有造船业和客车制造业；小型工业有啤酒厂、酿酒厂、砖瓦制造商以及船只和水手所需物品的制造。伦敦也是小工匠的聚集地，比如在堡区[1]和切尔西[2]的瓷器制造商，以及在克勒肯维尔（Clerkenwell）的钟表

---

[1] 堡区（Bow），位于伦敦东区。

[2] 切尔西（Chelsea），伦敦西部的一个区域，属于肯辛顿－切尔西区（Royal Borough of Kensington and Chelsea）。它坐落在泰晤士河北岸，东临皮姆利科（Pimlico），西接富勒姆（Fulham），北面是骑士桥（Knightsbridge）以及海德公园（Hyde Park）。切尔西有着著名的斯隆街（Sloane Street）、切尔西皇家医院（Royal Hospital Chelsea，缩写 RHC）以及哈洛德百货（Harrods）。切尔西区属于伦敦的繁华区域，是整个英国地价最高的地区（平均房价超过 220 万英镑），也是伦敦最安全的区域之一。

制造商。来自欧洲和其他地方的货物主要进口到伦敦。1730 年至 1800 年间，伦敦港（Port of London）的贸易量增加了两倍，这造成了泰晤士河的严重拥堵。为了改善这种拥堵状况，人们需要加快船舶装卸货物的速度。因此，人们对已有的码头进行了改造。除了改造旧的码头之外，人们还建造了许多新的码头。西印度（West India）码头和商业路（Commercial Road）码头，以及沃平（Wapping）码头和罗瑟希德（Rotherhithe）码头都是在 1803 年到 1805 年间建造的。

伴随着贸易的增长，银行和其他金融业务也开始迅速发展。一开始，许多金融业务在这个城市众多的咖啡馆里发生。1773 年，英国皇家交易所（Royal Exchange）成立，也被称为“Change”。从此，商人和金融家有了专门商讨业务的场所。离金融区不远的佛利特街成了英国报业的发展中心。

娱乐和休闲

在伦敦的城市面积不断扩张的同时，越来越多的露天场所和公园也被建立了起来。这些公园和露天场所被称为“伦敦之肺”（lungs of London）。18 世纪 30 年代，人们在荒地上建立了海德公园（Hyde Park）。从前的皇家宫殿花园被改成肯辛顿花园（Kensington Gardens），供人们在宽阔的人行道上漫步。这些户外场所深受时尚人士的欢迎。肯辛顿花园的草地上设置

—— 托马斯 · 罗兰森的《沃克斯豪尔花园》。“这些美丽的花园，在春夏季节以其提供的各种愉悦而优雅的娱乐活动而闻名。它们位于泰晤士河南岸的朗伯斯教区（Lambeth），距离伦敦约两英里……这些花园大约从五月初开放到八月，每天下午五点（星期日除外）开始接待客人。”（关于沃克斯豪尔花园的描述，它是所有参观该地的人的向导和指南。1762 年）

了一些座椅和包厢，它们的摆放会随着太阳位置的变化而移动。

18 世纪晚期，在伦敦市内及周边地区有超过 200 座游乐花园。这些花园也是人们经常光顾的地方。切尔西区著名的拉内拉赫花园（Ranelagh Garden）当时已经关闭了，但马里波恩（Marylebone）和沃克斯豪尔花园（Vauxhall Gardens）仍然很受欢迎。这些花园里提供的娱乐活动包括烟火晚会、音乐会和假面舞会。伦敦的许多俱乐部和咖啡馆都是供男人们吃茶点、看报、打牌和交谈的地方。整个首都有大量的酒馆。那些喜欢观赏性运动的人可以选择在酒馆里看拳击、赛马、斗熊、斗鸡和斗狗。在马里波恩（Marylebone）的托马斯·洛德板球场（Thomas Lord's cricket ground），板球变得越来越受欢迎。大多数体育活动给人们提供了赌博的机会，这是一种全国性的爱好。国家彩票为修建威斯敏斯特大桥（Westminster Bridge）等重要项目筹集资金。

全英国最好的剧院都设在伦敦，其中最著名的有考文特花园歌剧院（Covent Garden）、德鲁里巷剧院（Drury Lane）、干草市场（Haymarket）、吕克昂剧院（Lyceum）和阿德尔菲剧院（Adelphi）。当时最好的演员包括埃德蒙·基恩[1]（Edmund Kean）和莎拉·西登斯[2]（Sarah Siddons）都

[1] 埃德蒙·基恩，18 世纪的莎剧名角。

[2] 莎拉·西登斯，18 世纪以出演悲剧而著名。闻名于塑造莎士比亚笔下的角色麦克白夫人。

—— 托马斯·罗兰森的《德鲁里巷剧院的观众》（耶鲁大学英国艺术中心，保罗·梅隆收藏）。“德鲁里巷剧院周六的座位已经订好了，但基恩的表演太火爆了，以至于只能坐到第三、第四排。但是，我们的位置是在包厢，但愿我们的视野会很好。”（简·奥斯汀，1814 年 3 月 2 日至 3 日的信）

—— 托马斯·高更（Thomas Gaugain）的《在海德公园散步》（*An Airing in Hyde Park*，耶鲁大学英国艺术中心，保罗·梅隆收藏）。海德公园是“伦敦之肺”之一，于1730 年在荒地上建立。这个地方很受散步的人和骑马的人欢迎。1811 年 4 月，简·奥斯汀和她的嫂子伊丽莎不得不在海德公园附

近下车，因为她们的马不肯再往前走了。简在一封信里告诉她姐姐：“在海德公园大门的一边，马在磨牙——对它们来说，新铺的碎石使这里成了一座可怕的小山，它们还拒绝戴项圈。我想它们的肩膀一定很痛。伊丽莎吓坏了，因此我们从马车里走了出来。”

在这些剧院表演。不仅如此，伦敦也有许多歌剧院和音乐厅为那些喜欢音乐的人提供服务。业余和半专业的音乐家和歌手则在酒馆里表演。

其他的文化体验则是在博物馆和艺术画廊享受到的，如 1759 年在布鲁姆斯伯里（Bloomsbury）的蒙哥马利广场（Montgomery Place）开放的大英博物馆，位于皮卡迪利大街（Piccadilly）的、藏有 3 万多件“自然和人造的古董”（Natural and Artificial Curiosities）的利物浦博物馆（Liverpool Museum），以及皇家艺术学院（Royal Academy of Art）所在地萨默塞特府的美术馆。

犯罪与惩罚

乡下人有充分的理由认为伦敦是一个风流且危险的地方。酗酒、喧哗、违法和暴行是司空见惯的事。这座城市非常不安全。不仅女性独自在这座城市里散步不安全，男性独自漫步也不一定安全。这个城市里到处都是罪犯，他们通常带着刀、棍棒和枪。正如在 1780 年由乔治·戈登勋爵（Lord George Gordon）领导的反天主教暴力骚乱行动所证明的那样，伦敦的声誉因人们对“伦敦暴民”的恐惧而受损。后来，这场骚乱不得不被军队镇压。

每个教区都有义务留下一两个警察来处理罪犯。然而，这些无偿志愿者的工作效率并不高。受害者需要支付警察寻找和逮捕罪犯的费用。

守夜人（通常是老人）在街上巡逻，通报时间和天气情况。守夜人不仅拿着灯笼和响板以叫醒需要早起的人，他们还手持棍棒负责捉罪犯。除此之外，他们还负责防火、照看教区的锁柜和帮助醉鬼回家。这些人绰号“查理”（Charleys），他们经常喝醉酒，还会受到公众的嘲笑和折磨。

1749年，小说家亨利·菲尔丁[1]（Henry Fielding），同时也是弓街法院（Bow Street Court）的高级法官，成立了弓街警探[2]（Bow Street Runner）。这是建立专业警察队伍的第一次尝试。警探们每周会得到一分钱，如果起诉成功，还会得到一份奖励。18世纪90年代末，泰晤士河警察（Thames Police）和水警（Marine Police）成立，这是朝着建立中央组织部队迈出的又一步。

1800年，伦敦有19所监狱，其中包括纽盖特监狱（Newgate）。这些监狱里关押着候审囚犯和等待押送或处决

[1] 亨利·菲尔丁，18世纪英国最杰出的小说家、戏剧家。18世纪英国启蒙运动最伟大的代表人物之一，是英国第一个用完整的小说理论来进行创作的作家，被沃尔特·司各特称为“英国小说之父”。在《约瑟夫·安德鲁斯》《弃婴汤姆·琼斯的故事》和《阿米莉亚》中，菲尔丁奠定了全面反映当代社会的现实主义写作传统，这一传统一直支配着英国小说的发展直至19世纪末。他对文学的最大贡献是他创作的现实主义小说。菲尔丁和丹尼尔·笛福、塞缪尔·理查逊并称英国现代小说的三大奠基人。

[2] 弓街警探，伦敦第一批正式的警方势力，也是伦敦警察的原型，当然这个称呼是大众给他们起的花名，但是作为习惯性称呼在当时广为流传。

的囚犯。奇怪的是，监狱的建立并没能改造罪犯，而是助长了犯罪。这与设置监狱的初衷是相违背的，因此这个制度亟待整改。

卖淫

伦敦是一个臭名昭著的卖淫中心。在伦敦，有五分之一的女性从事这一行业。有些妓女独自工作，她们在体面的客人回家后，在街上闲逛或在花园中徘徊来寻找下一个客户。其他人则在妓院工作。比如，一家位于蓓尔美尔街（Pall Mall）附近的国王广场（Kings Place）的著名妓院，由夏洛特·海耶斯（Charlotte Hayes）经营。

伦敦的妓女数量如此之多，以至于每年都会出版一本在考文特花园（Covent Garden）工作的妓女名录，供人们浏览。哈里斯（Harris）列出的考文特花园妓女名录非常受欢迎，名录中详细列出了妓女们的外貌和提供的服务。它从 1757 年出版到 1795 年。之后，公众不再认同卖淫这件事，因此这本名录就停止出版了。

简·奥斯汀与伦敦

据记载，简·奥斯汀第一次造访伦敦是在 1788 年 7 月，当时她 12 岁。从肯特郡回家的路上，简·奥斯汀的父母带着

—— 这座联排别墅是乔治和摄政时期伦敦建筑的典型。詹宁斯太太在《理智与情感》中就住在这样一个“布置得富丽堂皇”的房子里，位于波特曼广场附近。玛丽安·达什伍德在发现威洛比的背叛后，就是在那里忍受了好几个不愉快的星期。约翰爵士（Sir John）和米德尔顿夫人（Lady Middleton）住在康德街（Conduit Street）一幢类似的房子里。

她和卡桑德拉在这里停留，为了拜访住在果园街（Orchard Street）的乔治的妹妹费拉德菲亚（Philadelphia）和她的女儿伊丽莎。

九年后，伊丽莎嫁给了亨利·奥斯汀。他们搬到了伦敦，简经常会去拜访他们。1813年，伊丽莎去世后，亨利搬到了位于考文特花园亨丽埃塔街（Henrietta Street）的银行业务大楼上。

简对伦敦有一种矛盾的感情。她和许多乡村居民一样，认为这是一个腐败、堕落、危险的地方。她可能是受了她母亲不喜欢伦敦的影响。奥斯汀夫人曾把伦敦形容为"一个悲伤的地方。我无论如何也不想住在那里。这是一个既没有时间履行对上帝的职责也没有时间履行对人类的职责的城市"。

然而，当她对伦敦有了更深入的了解后，她很欣赏它积极的方面，如剧院、音乐厅、博物馆和艺术画廊所提供的文化机会。在伦敦时，她最大的乐趣之一就是坐着敞篷马车在街上兜风。简也喜欢在伦敦购物。每当她到首都时，她都带着一张清单，上面列着要给她的家人和朋友买的东西。这些东西在乡村城镇是买不到的。她最喜欢的两家服装店是考文特花园的莱顿和希尔（Layton and Shear's）服装店，以及西区的怀尔丁和肯特（Wilding and Kent）服装店。怀尔丁和肯特服装店特别受欢迎，通常情况下店员都非常忙碌。有一次，简等待了"整整半个小时"才得到服务。

小说

简·奥斯汀在《理智与情感》（*Sense and Sensibility*）、《傲慢与偏见》（*Pride and Prejudice*）和《曼斯菲尔德庄园》（*Mansfield Park*）中关于伦敦的描写是负面的。在《理智与情感》一书中，玛丽安（Marianne）和埃莉诺·达什伍德（Elinor Dashwood）住在詹宁斯太太（Mrs Jennings）在伦敦的家中。那是一所位于波特曼广场（Portman Square）的、被“布置得富丽堂皇”的房子。在那里，玛丽安发现威洛比（Willoughby）的背叛，伦敦成了让她痛苦的地方，埃莉诺为她的妹妹感到忧心。在小说的后期，伦敦被简描绘成一个腐败的地方，伊丽莎白·布兰登（Elizabeth Brandon）在那里被人引诱后陷入贫困，最终死于肺病。

在《傲慢与偏见》中，嘉丁纳一家（Gardiners）住在天恩寺街（Gracechurch Street）。简和伊丽莎白·班纳特（Elizabeth Bennet）在伦敦时就住在那里。虽然嘉丁纳夫妇出身名门，但他们的家并不时髦。在小说中，简是这样描述嘉丁纳的家的：“达西先生（Mr Darcy）也许听说过这个地方……可是，如果他当真到那儿去一次，他会觉得花上一个月工夫也洗不净他身上所染来的污垢。”

在《曼斯菲尔德庄园》中，伦敦也被视为一个放荡、堕落的地方。这是爱享乐的亨利（Henry）和玛丽·克劳福德（Mary Crawford）在道德上被玷污的地方，也是汤姆·伯特伦（Tom Bertram）纵情声色的地方。在道德高尚的范尼·普莱斯（Fanny Price）看来，伦敦的影响“正在同一切体面的人作对”。

09

巴斯和时髦的温泉小镇

他们来到了巴斯。凯瑟琳（Catherine）心里急煎煎、乐滋滋的。当车子驶近景致优美、引人入胜的城郊，以及后来驶过通往旅馆的几条街道时，只见她左顾右盼。她来到这里是想玩个痛快，她已经感到很痛快了。

——《诺桑觉寺》，第二章

18 世纪是温泉小镇的鼎盛时期。这些小镇也被称为“内陆水乡”（inland watering-place）。英国有许多温泉镇，包括切尔滕纳姆（Cheltenham）、埃普索姆（Epsom）、哈罗盖特（Harrogate）、滕布里奇韦尔斯（Tunbridge Wells）和巴斯。其中最有名和最受欢迎的温泉小镇是巴斯，巴斯后来被称为快乐之城，在英国社会历史上占有独特的地位。

最早发现巴斯温泉的治疗作用的是罗马人，他们将其命名为苏利斯之水（Aquae Sulis）。后来，17 世纪的皇室成员以及 18 世纪初的安妮女王（Queen Anne）和她的配偶的来访引领了大量的病人和忧郁症患者来巴斯的潮流。医生们陆陆续续在那里设立诊所，以满足富有的或者生病的访客的需求。在某些情况下，医生们还利用那些忧郁症患者来赚钱。

18 世纪早期，身无分文的冒险家和赌徒理查德·波·纳什（Richard Beau Nash）搬到了巴斯，并意识到了这座城市的潜力。他着手把这个不起眼的海滨胜地改造成时尚之都。有组织才能的纳什开始为前来取水的人们安排娱乐活动。他成了活动的创办者和主持者，并为公共活动制定了着装、礼仪和秩序的规则。这些规则在新建的泵房的墙壁上粘贴出来，供大家阅读。巴斯的集会厅分别建于 1709 年和 1728 年。纳什作为“巴斯之王”，其统治一直持续到 18 世纪 40 年代。

除了为了健康而来到巴斯的人，还有很多人纯粹是为了娱乐而来。这座城市日益受到欢迎，因此它在不断地更新，以便快速地与时俱进。巴斯从一座建筑简陋、环境不卫生的中世纪古城变成一个供人们娱乐的新兴城市。与此同时，这座城市里还新建了许多公共建筑，包括市政厅（Guildhall）和娱乐场所。

新城

为了容纳越来越多的游客，巴斯城市向北部的斜坡进行了扩建。皇后广场（Queen Square）和盖伊街（Gay Street）就是早期扩建的一部分。

巴斯最上流的集会厅建于1769年，为新住宅的居民和访客提供服务。这个新城的主要建筑师是老约翰·伍德（John

——《巴斯的皇后广场》(*Queen Square, Bath*)，1784 年由托马斯 · 马尔顿(Thomas Malton)创作。1799 年，简 · 奥斯汀访问巴斯时曾住在皇后广场 13 号。在一封写给她姐姐的信中，她写道："这里远比帕拉贡更令人愉快(她的叔叔和阿姨住在那里)。从客厅窗口望出去，也就是从我现在写作的位置往外看，风景如画。从这里可以看到布鲁克街(Brock Street)的左边，皇后广场最后一幢房子的花园里有三棵伦巴第白杨(Lombardy poplars)。"1805 年，在乔治 · 奥斯汀去世后，奥斯汀夫人和她的女儿们搬到了靠近皇后广场的盖伊街 25 号(25, Gay Street)的寓所。这座房子靠近圆形广场(Circus)和皇家新月会(Royal Crescent)。

——1788 年由小托马斯 · 马尔顿(Thomas Malton, Junior)创作的《巴斯皇家新月楼》(*The Royal Crescent, Bath*)。这是巴斯最宏伟、最著名的住宅街道，由小约翰 · 伍德(John Wood the Younger)在 1767 年至 1775 年间建造而成的。1795 年，这些房子每套售价 3000 英镑，是伦敦最贵的房子。简 · 奥斯汀经常在房屋前的新月形田野(Crescent Fields)里散步。散步在巴斯是一项很受欢迎的活动，正如《诺桑觉寺》(*Northanger Abbey*)中所描述的那样："巴斯的一个晴朗的星期天，每户人家都从屋子里走了出来。全世界的人都在此刻走来走去，告诉他们的朋友这是多么美好的一天。"

Wood the Elder）和他的儿子小约翰·伍德（John Wood the Younger），他们建造了帕拉第奥式的（高大而又坚固）城镇房屋，如街道、新月楼和圆形广场。所有的设计都巧妙地与巴斯的乡村环境融合在一起。新建筑由拉夫·艾伦（Ralph Allen）采石场开采的金色石头建造而成，艾伦还提供了资金支持。城市规划师们还拓宽了人行道以便人们能方便进出新城内的任何场所。所有新街道中最宏伟的是皇家新月楼（Royal Crescent）。这是由小约翰·伍德设计的，于1774年竣工。房屋前面的空地，被称为新月地带（Crescent Fields），成了人们散步的好地方。除此之外，巴斯还多了许多优雅的购物街，包括著名的米尔森街（Milsom Street）。由于巴斯城的扩建，许多教堂也都建在新城里。

新桥（New Bridge）（后来改名为普尔特尼桥，Pulteney Bridge）于 1774 年通车。这样一来，埃文河（River Avon）以东的地区得到了发展。1801 年，在简·奥斯汀搬到巴斯居住的时期，包括大普尔特尼街（Great Pulteney Street）、劳拉广场（Laura Place）、春天花园（Spring Gardens）（后来改名为悉尼花园，Sydney Gardens）和悉尼广场（Sydney Place）在内的地区都得到了大力的发展。但是，由于拿破仑战争时造成的财政紧张，这座城市的这一部分翻新并未完工。1806 年，联合街（Union Street）建成时，这座中世纪城市被彻底翻新了。

简·奥斯汀与巴斯

简·奥斯汀与巴斯的联结可以追溯到她的童年时期。当她去拜访她母亲的亲戚——住在那里的利-佩罗特（Leigh-Perrots）和库珀（Coopers）时，是她第一次来到巴斯。简的第二次来访是在 1799 年，她和她的母亲陪同弟弟爱德华和他的妻子去巴斯寻找治疗爱德华痛风的方法。那时，奥斯汀一家住在皇后广场。一些重要客人要造访巴斯时（例如戈德默沙姆庄园的爱德华和伊丽莎白·奥斯汀夫妇），巴斯的报纸上会刊登这些消息。

1801 年，简的父母做出了一个出乎意料的决定：离开史蒂文顿，退休并搬到巴斯。简和她的姐姐，由于经济上依赖于她们的父母，别无选择，只能跟随他们来到巴斯。他们甚至都没有商量过搬家的事。简对这个决定感到非常震惊，据说她听到这个消息时晕倒了。

搬到巴斯的原因可能是简的父母年事已高，健康状况在逐渐下降，因此需要到巴斯疗养。也有可能乔治和卡桑德拉·奥斯汀把这看作是他们的女儿寻找丈夫的最后机会。巴斯是著名的猎艳场，奥斯汀姐妹的婚姻前景正在随着她们年龄的增长而迅速暗淡下去。当她们到了 25 岁和 28 岁的时候，就会被认为是“被束之高阁的女人”（on the shelf）。再加上她们的父亲

霍尔本博物馆（Holborne Museum），原悉尼酒店（Sydney Hotel），位于巴斯的悉尼花园。1801 年，奥斯汀一家搬到巴斯的悉尼广场 4 号（4， Sydney Place）。他们在那里一直住到 1804 年 10 月。悉尼广场对面是以前被称为春天花园的悉尼花园。奥斯汀在给她姐姐的一封信中描述了她在 1799 年第一次参观悉尼花园的经历：“我们直到 9 点才过去，那会儿正是观赏烟花的好时机。烟花真的很美，而且一切出乎我的意料。彩灯也非常漂亮。”

没有能力提供优渥的嫁妆，这就进一步导致她们到了年老色衰的时候也不会被人娶。简还怀疑，正是她的嫂子玛丽急于让丈夫詹姆斯继承父亲史蒂文顿教区长的职位，才使她的父母更加坚定了他们要退休搬到巴斯的想法。

简性格积极开朗，总是尽量把事情往最好的地方想。这样一来，她很快就接受了搬家的事实。她开始盼望着离家时的忙乱，盼望着去西部乡村（West Country）和威尔士（Wales）度假。这可能是她们的父母为了诱使她们接受搬家而提出的娱乐活动。

1801 年 5 月，奥斯汀夫人和简动身前往巴斯，去了“百丽宫”（the Paragon）1 号的利 - 佩罗特家。几周后，奥斯汀先生和卡桑德拉也加入了他们的行列。奥斯汀一家买下了位于该市东部的悉尼广场 4 号，这里可以俯瞰悉尼花园。当他们搬到那里时，巴斯已经过了它的全盛时期，比 18 世纪更加安静。

简努力享受她在巴斯的新生活，并从购物、看戏和参加社交活动中找到乐趣。但是，她的内心仍旧是个乡村女孩，她喜欢在周围的乡村散步。这些乡村为巴斯的城市提供了怡人的环境，这也是这座城市让人向往的地方之一。简也喜欢和他们家的朋友伊夫林先生（Mr Eyelyn）乘坐一辆四轮马车外出。在 1801 年 5 月给卡桑德拉的一封信中，简写道：

我刚坐上那辆迷人的四轮轻便马车出去兜风回来，吃过早饭我就收到了 E 先生（Mr E）的便条。我们去了金斯当（Kingsdown）山顶，度过了一段愉快的时光。

尽管这些有所弥补简对自己家乡的想念，她却从未在巴斯感到过真正的快乐，也没有在那里交到要好的朋友。简并不喜欢社交场合，也不喜欢她在巴斯遇到的人。她觉得他们肤浅，并不讨人喜欢。在巴斯生活的这些年，简感到非常不安，原因之一还有她感到自己不会再写作了。她往往只写了几章就放弃了转而去创作新的小说。然而，简通过与形形色色的人交往，为以后的小说积累了很多有用的素材。由于各个社会阶层的人都聚集在巴斯的街道和公共场所，简有足够的机会观察她周围人的行为和举止，并把这些信息储存在她的脑海中。

巴斯的居民和游客都可以注意到的是，这里的日常生活井然有序。想在水里洗澡的人一大早就去露天浴场洗澡。接下来是在泵房里喝水，伴着音乐交谈。再之后是吃早餐和参加修道院的早祷，这非常受欢迎。下午的时间通常花在散步、骑马、驾车外出或购物上。这些活动直到吃晚餐时才结束，而晚餐则是在下午到晚上的中间时间段吃完。之后，时髦的人们穿着华丽的衣服在街上走动，直到下午茶时间。到了晚上，人们把大把时间花在剧院、音乐会、舞会和聚会中。

1804 年，奥斯汀一家搬到了格林公园大厦（Green Park Buildings）里。这是一个不那么时尚但价格更便宜的住处。他们第一次搬到巴斯时被拒绝住在这里。1805 年 1 月，就是在这里，乔治・奥斯汀突然去世了。他被安葬在沃尔科特教堂的地下室里——他曾于 1764 年在这座教堂举行了婚礼。奥斯汀夫人的丈夫去世后，她的生活变得拮据，不得不搬家。一同搬家的还有他们的朋友玛莎・劳埃德（Martha Lloyd），他们又搬到城里的一系列较便宜的住处。最终，在 1806 年 7 月，他们带着简所说的“逃跑的快乐感觉”，永远离开了巴斯。

19 世纪初，随着巴斯城市的热度逐渐下降，其他温泉镇如莫尔文（Malvern）和坦布里奇韦尔斯吸引了越来越多的人。布莱顿（Brighton）的人气也在不断上升。海滨度假慢慢成为新的热潮。年轻的一代人抛弃了巴斯去了更加新兴的地区。而退休的、上了年纪的和体弱的人则继续留在了巴斯。

切尔滕纳姆（Cheltenham）

除了巴斯，切尔滕纳姆是简・奥斯汀唯一去过的温泉小镇。1816 年 5 月，她和卡桑德拉一起去了那里，寻找治疗她疾病的方法。自从 1716 年切尔滕纳姆发现矿泉水以来，人们就被吸引到了这里。1739 年，亨利・斯基利科恩上尉（Capt. Henry Skillicorne）看到了切尔滕纳姆的商业潜力，开始以理查德・波・纳什改造巴斯的方式来重建这个城镇。为了吸引更多的游客，斯基利科恩上尉命令人们建造了泵房、舞厅、步道

切尔滕纳姆的皇家水井。切尔滕纳姆是英格兰众多温泉镇或“内陆水乡”之一，在这一时期很受欢迎。人们去温泉镇是为了他们的健康和享受这里所提供的娱乐活动。1816 年 5 月，简和她的姐姐去了切尔滕纳姆，希望找到治疗简已患了几个月的病的方法。1816 年 9 月，卡桑德拉 · 奥斯汀又陪同她生病的嫂子玛丽（詹姆斯 · 奥斯汀的妻子）前往切尔滕纳姆。与简不同的是，玛丽从这些水中受益，并从疾病中康复了。

和花园。1780 年，人们任命了一位活动的司仪。1788 年，乔治三世和夏洛特女王的到访再一次提高了小镇的知名度。然而，直到 19 世纪 20 年代和 30 年代，切尔滕纳姆才出现了建筑热潮。在简的到访之后很久，切尔滕纳姆被改建成了一座漂亮的摄政小镇（Regency town）。

不幸的是，简在切尔滕纳姆的生活并没有使她的健康状况有所好转，反而使她的病情继续恶化。

小说

简·奥斯汀的六部小说中都提到了巴斯。在《诺桑觉寺》和《劝导》中，大部分情节都以巴斯为背景。

《诺桑觉寺》是简搬到巴斯之前写的。在写这部小说时，她利用了童年时期到访巴斯时获得的知识。小说的第一部分以巴斯为背景，描述了年轻天真的凯瑟琳·莫兰（Catherine Morland）进入社会的过程。在这里，她遇见了主人公亨利·蒂尔尼（Henry Tilney），并爱上了他。在集会厅里，司仪把凯瑟琳介绍给亨利。许多重要的场景都发生在这座城市的著名建筑里和有名的街道上。

《劝导》是简·奥斯汀在巴斯住了几年之后写的。在这部小说中，弗雷德里克·温特沃斯（Frederick Wentworth）和安妮·埃利奥特（Anne Elliot）之间的爱情在巴斯重新点燃。

❶

❷

①《劝导》中的场景。简·奥斯汀的最后一部小说《劝导》中，有九章都以巴斯为背景。在这座城市生活了多年之后，奥斯汀完成了这部小说。这部小说的基调比《诺桑觉寺》更为阴郁。安妮·埃利奥特带着消极的情绪来到了巴斯："她虽然沉默不语，却很是不喜欢巴斯这地方。她隐隐约约望见了阴雨笼罩、烟雾腾腾的高楼大厦，一点儿也不想仔细观赏。马车行驶在大街上，尽管令人生厌，却又嫌它跑得太快……"安妮·埃利奥特摆脱了"被长期监禁在巴斯"的感觉，这可能反映了作者在1801年移居巴斯时的情感，以及1806年7月离开时所经历的"逃离的快乐感觉"。

②《诺桑觉寺》中的场景。《诺桑觉寺》中有十九个章节都以巴斯为背景，这些章节可能于1799年完成。简·奥斯汀在写这本小说时，利用了她小时候去巴斯时获得的知识。女主角凯瑟琳·莫兰满怀喜悦地来到了巴斯，感受着这座城市里许多迷人的地方。她第一次见到主人公亨利·蒂尔尼，是在集会厅里由司仪介绍给她的。

当安妮身处这座城市时，有种即将被监禁的感觉，这与简·奥斯汀对巴斯的感觉相呼应。

19 世纪的头十年，对于巴斯的地形细节以及生活在巴斯的生动感受，只有当时生活在那里的人才能描写出来。

10

布莱顿、莱姆里吉斯、拉姆斯盖特、沃辛和海边

她们来到沙滩上，观看潮水上涨，只见海水在东南风的习习吹拂下直往平展展的海岸上阵阵涌来，显得十分壮观。她俩赞叹这早晨，夸耀这大海，称赏这凉爽宜人的和风，接着便缄默不语了。

——《劝导》，第十二章

18 世纪末，海滨胜地开始取代内陆的温泉，成为度假胜地。海水，就像温泉水一样，长期以来被人们公认为是治疗各种病痛的良药。约翰·克兰博士（Dr John Crane）是韦茅斯（Weymouth）的一名医生，他在 1795 年发表了《关于海水浴的粗略观察》。他声称，海风、海水浴，甚至喝海水都“有益于健康长寿”。人们认为冬天是在海里洗澡最好、最安全的季节。随着海边越来越受欢迎，度假胜地都开设了社交场所。因此，人们来到这些地方既是为了健康，也是为了娱乐。

1789 年，国王乔治三世在夏洛特女王和他们的三个大女儿的陪同下，前往韦茅斯疗养。这次的行程是在他的医生的建议下进行的。国王的医生住在韦茅斯，负责照顾国王。

这位深受爱戴的国王所到之处都受到臣民们的欢迎。人

们会在头戴的带子和帽子上面写上“上帝保佑国王”，他们也为他病情好转而感到高兴。不仅如此，人们在建筑物和更衣车（bathing machines）也写上“上帝保佑国王”，并且在国王经过的道路上撒满了鲜花。皇室一行人在韦茅斯沐浴，在滨海广场和沙滩上散步，乘坐敞篷马车四处兜风，乘坐护卫舰环绕海湾航行，享受着社交生活。国王从他的假期中获益良多，以至于他的人民，尤其是那些喜欢效仿皇室的人，也开始亲自尝试到海边度假。简·奥斯汀的姐姐似乎在1804年9月去过韦茅斯。不过，卡桑德拉对韦茅斯的描述似乎给简留下了不好的印象。在给卡桑德拉的信中，她写道：

> 我觉得，韦茅斯是一个令人震惊的地方，没有任何可取之处，只值得格洛斯特（Gloucester）的居民经常光顾。

没有简去过韦茅斯的记录。

布莱顿

18世纪80年代，布莱顿作为海滨度假胜地声名鹊起，因为它曾是威尔士亲王（后来的摄政王）最喜欢的地方。它最初是一个叫“光明石”（Brighthelmstone）的小渔村，后来逐渐

①《道利什海滩上的浴场》（*The Baths on the Beach, Dawlish*），托马斯 · 阿洛姆（Thomas Allom）所作。1802 年，奥斯汀一家去道利什度假。从巴斯到那里花了他们三天的时间。那时，道利什正从一个小的“浴场”转型成为海滨胜地。人们对奥斯汀一家的这个假日知之甚少，因为简在这一时期的生活中没有留下任何信件或其他记录。在造访道利什 12 年之后，简还记得那个“特别可怜和简陋的图书馆”。不过随着道利什逐渐发展成为流行的海滨度假胜地后，图书馆的条件无疑得到了改善。

②《布莱顿摄政广场附近》（*Near Regent's Square, Brighton*），由一位不知名的艺术家创作（耶鲁大学英国艺术中心，保罗 · 梅隆收藏）。在布莱顿，除了对健康有益之外，还有许多其他吸引人的地方，包括摄政王建造的亭子、穆罕默德浴室（Mahomed's Baths）、费雪图书馆（Fisher's Library）、音乐厅和集会厅。在英国担心法国入侵沿海的那些年里，民兵们驻扎在布莱顿附近。这就是《傲慢与偏见》里的莉迪亚 · 班纳特所认为的这个地方的主要吸引力所在，她以为“那个华丽而又放荡的浴场街道上到处都是军官”。

压过了巴斯的名气。在19世纪的头十年，它是英国最时髦的海滨度假胜地。除了大海和沙滩，布莱顿吸引人的地方还包括步道、赛马场、音乐厅和集会厅。

威尔士亲王耗资巨大，在布莱顿建造了一座华丽的东方风格的亭子。这座亭子的建造始于1802年，在1820年完工。纨绔子弟和伦敦时尚人士跟随王子来到了布莱顿。这里变成了一个轻浮和享乐的地方，来这里也会被其他人默认为是在向王子献殷勤。布莱顿和巴斯一样，人们选出了一位组织活动的司仪，并且通过敲响钟声来宣布重要访客的到来。

简·奥斯汀与海边

1801年搬到巴斯后，简·奥斯汀和卡桑德拉·奥斯汀以及她们的父母多次到英国西南部各郡（West Country）的海滨度假。简之所以愿意住在巴斯，也是考虑到可以在附近的这些海滨胜地度假。奥斯汀一家在八九月休假。简喜欢他们去过的那些自然风光未受破坏的地方。比起韦茅斯和布莱顿等时髦的度假胜地，她更喜欢这些普通的海滨小镇。

西德茅斯

1801年，在理查德·布勒牧师（Revd Richard Buller）

——《马盖特码头》（*Pier at Margate*），由一位不知名的艺术家创作（耶鲁大学英国艺术中心，保罗·梅隆收藏）。1791 年 1 月，简·奥斯汀的表妹伊丽莎为了儿子黑斯廷斯（Hastings）的健康，带着他去了马盖特。在给另一位表亲的信中，伊丽莎写道：“大海

使他变得强壮，同时也给我自己带来了很大的帮助。尽管天气很恶劣，还有霜雪，我也要继续洗海浴。我认为我能这么做是比较勇敢的。”到 1815 年，蒸汽船开始将度假者从伦敦带到肯特郡的马盖特、拉姆斯盖特和布罗德斯泰斯（Broadstairs）等著名的度假胜地。

—— 简·奥斯汀有一次在莱姆里吉斯度假时，据说曾住在这座后来被称为“翅膀”（Wings）的小屋里。在简·奥斯汀的家人和她的朋友们口中，这是一个“古怪的、摇摇欲坠的小屋，小屋有两个底楼，一个在其合适的位置，包括厨房，入口，餐厅，而另一个在房子的顶部，包含卧室和后门，后门通向屋后的青山。客厅，与其他房间相比，算是宽敞的了。它在中间一层，从那里我们可以看到大海、海港和新码头（Cobb）的迷人景色，另一边可以看到东部美丽的悬崖峭壁”。

的建议下，奥斯汀一家前往德文郡（Devon）的西德茅斯（Sidmouth）。理查德·布勒牧师是乔治·奥斯汀之前的学生，也是附近科利顿村（Colyton）的牧师。西德茅斯和南海岸的许多其他度假胜地一样，最初是一个渔村。拿破仑战争期间，中产阶级和上层阶级被禁止去法国，它的命运也由此改变。

在 18 世纪末和 19 世纪初，西德茅斯变成了一个时髦的度假胜地，那里建造起了许多新式的房子和别墅。温和的气候、隐蔽的位置和美丽的风景使西德茅斯成为一个吸引人的度假胜地。许多人来到西德茅斯，在盐水浴场疗养。1804 年，历史上著名的卡洛琳王后（Queen Caroline）和夏洛特公主（Princess Charlotte）的到访再一次提高了这个度假村的知名度。

可能就是在这个假期里，简和一个男人发生了短暂的恋情。她的姐姐认为，要不是这个男人在他们再次见面之前突然去世了，简本来会嫁给他的。

道利什

第二年，奥斯汀一家在道利什度假，就在西德茅斯海岸附近。道利什原本是由两个定居点组成：教堂周围的一片房屋和一个小渔村。这些地方在18世纪末被整合起来，形成一个海滨度假胜地。道利什进一步的发展包括改直道利什河道以及建造新房子。这个地方变得越来越受欢迎。几年之内，在最好的寄宿处住一个星期的费用从每人半几尼上升到旺季时的四五几尼。

在简去过道利什多年后，她还记得她对那里的图书馆的失望。她在给侄女的信中说这是“特别可怜和不幸的”。

莱姆里吉斯

1803年11月，奥斯汀一家来到了莱姆里吉斯。这是多塞特郡（Dorset）的一个海边小镇，以一个名为“科布”（The Cobb）的小型人工港口而闻名。他们应该是住在了港口附近一间白色的杂乱的小屋里。第二年，简和她的父母、她的哥哥亨利以及他的妻子伊丽莎一起回来了。她喜欢海水浴，她觉得这很“令人愉快”。她也喜欢在码头上漫步，在附近的乡村和莱姆市（Lyme）周围的海边村庄散步。她在《劝导》中对这种快乐大加赞赏：

> 莱姆附近的查茅斯（Charmouth），地高域广，景致宜人，而且它还有个幽美的海湾，背后耸立着黑色的绝壁，有些低矮的石块就星散在沙滩上，构成了人们坐在上面观潮和冥思遐想的绝妙地点。上莱姆（Up Lyme）是个生机盎然的村庄，长满了各式各样的树木。尤其是平尼（Pinny），那富有浪漫色彩的悬崖之间夹着一条条翠谷，翠谷中长满了茂盛的林木和果树，表

明自从这悬崖第一次部分塌陷，为这翠谷的形成奠定基础以来，人类一定度过了许许多多个世代，而这翠谷如今呈现出的如此美妙的景色，完全可以同闻名遐迩的怀特岛（Wight）的类似景致相媲美。以上这些地方必须经过反复观赏，你才能充分领略莱姆的奥妙。

简和她的母亲参观了中央大街（Broad Street）尽头可以俯瞰到大海的集会厅。奥斯汀夫人在那里打牌，简在那里一边跳舞，一边观察着她所说的“莱姆的精英”在尽情享乐的场景。

拉姆斯盖特

肯特郡的拉姆斯盖特镇，曾经是一个以渔业和农业为生的小村庄，在 18 世纪末 19 世纪初变成了一个驻防城镇。在乔治和摄政时期，这里建造了许多典雅的房屋。拿破仑战争期间，拉姆斯盖特是欧洲主要的登船港口之一。有一次，4 万多名士兵从那里登船。许多街道的名字也反映了该镇在这个时期的重要性，比如纳尔逊新月街（Nelson Crescent）和惠灵顿新月街（Wellington Crescent）。

拉姆斯盖特是一个海滨小镇，简·奥斯汀很可能于 1803 年第一次来此游玩。那年 7 月，简的哥哥弗兰克（Frank）搬到镇上建立了“海上防御军”（Sea Fencibles），这支部队的

——《拉姆斯盖特的浴场》(*The bath Place at Ramsgate*),由本杰明·韦斯特(Benjamin West)创作(耶鲁大学英国艺术中心,保罗·梅隆收藏)。位于肯特海岸的拉姆斯盖特是五港联盟(Confederation of Cinque Ports)的一员,隶属三文治小镇(Sandwich)。1803年,简·奥斯汀住在拉姆斯盖特时遇到了埃格顿·布里奇斯(Egerton Brydges),他是她的朋友安妮·勒弗罗伊(Anne Lefroy)的弟弟。他后来这样描述简:"当我认识简·奥斯汀时,我从未怀疑过她是一个女作家,但我的眼睛告诉我,她美丽而俊俏,苗条而优雅,脸颊十分饱满。我想我最后一次见到她是1803年在拉姆斯盖特,那时她大概27岁。"

任务是保卫东海岸免受法国入侵的威胁。弗兰克是在拉姆斯盖特遇见玛丽·吉布森（Mary Gibson）的。她后来成为弗兰克的妻子，住在高街（High Street）。

沃辛

沃辛和许多南部海岸的度假胜地一样，在18世纪晚期开始吸引大量的游客。1798年，阿米莉亚公主[1]（Princess Amelia）就住在那里。这是皇室第一次来到这个地方。他们的到来提升了小镇的声誉，并把它变成一个时尚的度假胜地。

1805年夏天，奥斯汀夫人和她的女儿们随爱德华·奥斯汀一家去了沃辛。在路上，他们去了黑斯廷斯战役[2]（Battle of Hastings）遗址附近的巴特尔村（Battle）。简的侄女范妮在她的日记中记录了一路上发生的事情。他们在海滩上买鱼，享受长时间的散步，在海里畅游。爱德华和他的家人只在沃辛待了一个短暂的假期，但奥斯汀夫人和她的女儿们一直待到11月。

---

[1] 阿米莉亚公主，英国国王乔治三世和王后索菲·夏洛特的幼女，第15个孩子和第6个女儿。1810年，她因病抢救无效逝世。这个消息让她的父亲乔治三世陷入了困境，因此，乔治三世晚年体弱多病，精神失常。据悉，阿米莉亚公主患上了丹毒。

[2] 黑斯廷斯战役，1066年10月14日，英格兰国王哈罗德·葛温森（Harold II）的盎格鲁－撒克逊军队和诺曼底公爵威廉一世（William of Normandy）的军队在黑斯廷斯（英国东萨塞克斯郡濒临加来海峡的城市）地域进行的一场交战，以征服者威廉获胜告终。

—— 约翰·尼克松（John Nixon）的《南海城堡附近公共场所的更衣机》（*Bathing Machine on the Common near Southsea Castle*，耶鲁大学英国艺术中心，保罗·梅隆收藏）。更衣机保护了沐浴者更衣和下水时的隐私。它们是马拉着轮子的木屋。在

“dippers”女士的帮助下，沐浴者走下台阶，进入大海。“dippers”女士中，最有名的是布莱顿的玛莎·葛恩（Martha Gunn）和“老烟民”（Old Smoaker）。任何胆小的沐浴者都可能被毫不客气地推入水中。

小说

在简·奥斯汀的几部小说中都提到了海滨度假胜地，但《劝导》是唯一一部以海滨为主要场景的小说。在第十一章中，简笔下的人物到达莱姆，她对这个地方的感情在她的描述中是显而易见的：

> ……这个城市位置奇特，几乎笔直通到海滨的主大街以及通往码头的小路，那条主要的街道几乎都漫入水中。异乡人真正想观赏的还是那个码头本身，它的古迹奇观和新式修缮，以及那陡峭无比的悬崖峭壁，一直延伸到城市的东面。谁要是见不到莱姆近郊的妩媚多姿，不进一步了解它，那他一定是个不可思议的异乡人。

莱姆是路易莎·马斯特洛夫（Louisa Musgrove）从通往新码头的被称为“祖母的牙齿”的台阶上滑倒的地方。当事故发生后，所有人站在一旁不知所措，而安妮镇定了下来并把一切打理得很好，这让温特沃斯上校（Capt. Wentworth）发现了她的优秀品质。在莱姆，投机分子威廉·埃利奥特（William Elliott）也出现了，这让故事的情节变得更加复杂。

在奥斯汀的小说中，布莱顿是声名狼藉的人所去的地方——《傲慢与偏见》中的威克姆和《曼斯菲尔德庄园》中的克劳福德一家（Crawfords）。它被描绘成一个腐败和享乐的地方。这反映了简·奥斯汀在1805年到访这个地方后自己的看法。

桑迪顿（Sanditon）

简还未完成的小说《桑迪顿》的故事发生在“一个新办不久而名气蒸蒸日上的浴场”。1817年年初，由于简的病情加重，她不得不停止写作。从她已经完成的几章中可以明显看出，简关心的是新的度假胜地对英国乡村和她所喜爱的美丽的海岸景观的影响。她可以看到贪婪的开发商正在利用海边的有利地产来赚钱，就像她笔下的帕克先生（Mr Parker）这个角色一样。简没有活到19世纪，因此她并没有看到这些是如何持续下去的。那时海滨度假变得越来越流行，许多沿海小村庄也变成了商业度假胜地。

11

教育

伯特伦夫人（Lady Bertram）对女儿们的教育一点也不关心。她没有时间去操心这些事。如果她有更多的空闲时间来服侍女儿们，她也许会认为没有必要，因为她们正由一位家庭女教师照料，按照合格的女主人开始培养，除此之外已经没有什么需要做的了。

——《曼斯菲尔德庄园》，第二章

在乔治和摄政时期的英国，教育根据孩子的社会阶层而有所不同，因为人们认为教育是为了让孩子们为他们与生俱来的身份地位做好准备。

贵族和绅士的子女最早是在家里接受教育的。他们的母亲有责任为她的孩子提供基本的识字技能、宗教教育和道德指导。等到孩子们长大一点，男孩和女孩被分开并接受不同的教育。部分原因是他们注定要扮演不同的角色。

也因为人们普遍认为女性在智力上不如男性，因此女性无法进行严肃的学术研究。还有一种担忧是，如果女性受到过多的教育并被鼓励独立思考，之后她们也许会为自己在社会中的卑贱地位而反抗。

男性教育

出生在贵族和绅士阶层的男孩被教育成地方和国家的领导角色，或者在教会、法律界、陆军和海军中开启职业生涯。由于长子继承制的存在，不能继承父亲遗产的小儿子需要另寻谋生方式。男孩的教育由家庭教师或小型的私立走读学校或寄宿学校提供。这些学校有时被冠以“专科学校”的美名，其管理者往往是在其他工作上失败的人。有些学校是由教区牧师经营以补充他们的津贴的，比如简·奥斯汀的父亲所经营的学校。

当时的许多学校的设施与教育并不健全，包括文法学校和公立学校。这是由于它们大多只教授古典文学，并不涉及别的知识。在 18 世纪，公立学校的名声一直不太好，在世纪末才有所改善。虽然这些学校存在很多不足，但大多数上流阶层的男孩仍然就读于这些学校。还有一些人会去海军和军事学院就读。简·奥斯汀的兄弟弗兰克和查尔斯都在 12 岁时进入了朴次茅斯皇家海军学院（Royal Naval Academy at Portsmouth），并在海军中有着杰出的职业生涯。

牛津大学（Oxford）和剑桥大学（Cambridge）负责提供高等教育。这两所大学和当时的公立学校一样，得到了颓废和放荡的名声。这些学校只会举办几场讲座来讲授知识，在这里工作压力也非常小。学校里富有的学生极其懒惰，而贫穷的学生会特别努力地学习。这些贫穷的学生中许多人后来成为牧师。

在 18 世纪末，这些大学的情况和公立学校一样得到了改善。

简·奥斯汀的两个哥哥，詹姆斯和亨利，在他们父亲的辅导下进入牛津大学学习。他们获得了创始人亲属奖学金，并且就读于他们的父亲曾就读过的圣约翰学院。詹姆斯·奥斯汀后来成了一名牧师；而亨利则成为一名士兵，然后是一名银行家，最后成为神职人员。学园（Dissenting Academies）是大学之外的绝佳选择。这些机构可以更好地监督学生的学业并设置了更广泛的课程。虽然学园的建立最初是为贸易阶层准备的，但也接收绅士阶层的儿子和英国国教的成员。

贵族和绅士阶级的大多数男性都会以欧洲巡游作为他们受教育生涯的结束。这些旅游的主要目的是参观一些经典的景点，特别是意大利的古代雕像和文艺复兴时期（Renaissance）的绘画。然而，并不是所有参加这种旅行的年轻人都能明智地利用他们的时间。大陆游学的普及带来的一个好处是它对英国艺术品位的影响，尤其是在建筑方面。因此，英国许多富丽堂皇的乡间别墅里都堆满了人们从欧洲带回来的美丽珍宝。

女性教育

男孩接受教育是为了在公共领域生活，而中上层阶级的女孩则是为将来在家庭领域成为妻子、母亲和管家而做准备。妇女从事有偿工作的机会很少。女性教育一般是非正式的、随意

——— 雷丁修道院学校，年轻女子寄宿学校（The Abbey School， Reading， Boarding School for Young Ladies），塞缪尔·格林（Samuel Grimm，耶鲁大学英国艺术中心，保罗·梅隆收藏）所作。简·奥斯汀和卡桑德拉·奥斯汀以及她们的表姐简·库珀就读于雷丁修道院（Reading Abbey）附近的一所寄宿学校。这所学校是由拉图内尔夫人（Mrs Latournelle）管理的，她的真名是萨拉·哈克特（Sarah Hackitt）。这所学校教授的科目包括拼写、法语、针线活和绘画。学生们有很多空闲时间，学校的管理也很松。乔治·奥斯汀每年为他的每个女儿支付 35 英镑的费用。她们真正的教育始于回家后，由她们的父亲辅导学业。

的和质量不一的。一些女孩在家里接受家庭教师或访问教师的教育，而另一些则上私立走读学校或寄宿学校。女性教育的重点是绘画、舞蹈、唱歌和演奏乐器等。这些技能不仅可以使女性在社交活动中娱乐，还可以使她们自由支配自己的闲暇时间。这就是简·奥斯汀的小说《爱玛》中的女教师戈达德夫人（Mrs Goddard）所提供的教育：

> 她的学校是一所名副其实的老式寄宿学校，不用出多少钱就能学到不少东西，家里把姑娘送过去，好歹接受一点教育，回到家里也不会变成学究。

女孩们需要具备良好的礼仪和举止来吸引丈夫。因此，她们所受的教育强化了男性所推崇的女性品质，如守德、感恩、忠诚和服从。母亲们教女儿们将来所需要的家务技能，包括缝纫和家庭会计。

在乔治和摄政时期的英国，有一些女孩很幸运地受到了学术教育。这些女孩通常是职业男性的女儿，尤其是牧师的女儿。

——亨利·罗伯特·莫兰（Henry Robert Morland）的《在钟形纸帘旁读书的女人》（*Woman Reading by a Paper-Bell Shade*，耶鲁大学英国艺术中心，保罗·梅隆收藏）。人们认为学术研究是不适合女性的，因此没有人鼓励女性去做这些。人们还担心过多的教育会促使女性去质疑她们在父权社会中的地位。因此，让她们获取到任何知识或培养她们对读书的兴趣是不明智的举动。

她们要么是自学，要么是由她们的父亲或兄弟的家庭教师教。其中有许多女孩成为女学者[1]（bluestockings）。这是一群聪明的女性，她们不顾公众的嘲笑，极力反对人们所持有的女性智力低下、无法与男性平等会面和交谈的看法。

简·奥斯汀和卡桑德拉·奥斯汀分别在11岁和13岁离开寄宿学校后，就在家里接受父亲的教育。乔治·奥斯汀和他的妻子是开明的父母，他们希望自己的女儿得到更好的教育，而不是只局限于当时学校对女性的教导。奥斯汀姐妹还被允许去阅读乔治的藏书，享用乔治藏书丰富的图书馆。简通过广泛的阅读来补充她所受的教育。从她的信件和小说中可以明显看出她渊博的知识储备，尤其是在18世纪的文学方面。

到18世纪末，女性教育开始发生变化。对女性的教育从只教她们一些具有观赏性的技能转向了有限的智力学习，其中包括学习外语。不过，扩大女性可学习的范围是为了让女性成为丈夫身边的聪明而有趣的伴侣，并能够在社交场合进行交谈。另一个目的是向女孩提供足够的知识，使她们能够在发现自己处于不得不工作谋生的不幸处境时可以通过教育他人来获取经济来源。与此同时，人们还更加注重道德教育。然而，这些变化是有限的，因为包括女权主义作家玛丽·沃斯通克拉夫特（Mary Wollstonecraft）在内的少数人提出的女性有权培养自

[1] 女学者（bluestockings），开始将自己作为一个女性团体，并且拥有一种法国沙龙中缺乏的女性团结意识。

温彻斯特学院的回廊。温彻斯特公学、伊顿公学（Eton）和哈罗公学（Harrow）等公立学校为贵族和绅士阶级的男孩提供了古典教育。学习古典文学被认为是绅士必须经历的。在18世纪末，人们拓宽了公立学校的课程内容，这些学校的声誉得到了提高。詹姆斯·奥斯汀的儿子詹姆斯·爱德华以及爱德华·奥斯汀的儿子都上过温彻斯特学院。每学期开始和结束的时候，满载着温彻斯特学院学生的四轮马车都会经过查顿小屋。查顿小屋的奥斯汀夫人也是在这里照看着她的孙子们的。

伊莱亚斯·马丁（Elias Martin）的《女子学校的阅读课》（*Reading Lesson at a Dame School*，耶鲁大学英国艺术中心，保罗·梅隆收藏）。一些贫困儿童在妇孺学校接受了基础的教育，正如诗人乔治·克雷布（George Crabbe）在《村庄》（*The Borough*）中所描述的那样：

“然而，有一所学校对规则或学习不以为意，但它仍然被视作一所学校，/一个聋哑、贫穷、耐心的寡妇坐在那里/在她做针织活的时候，/一些穷苦的孩子感到惊奇/跟随着卑微而又忙碌的妇人的孩子，他们为自由付出/一些微不足道的代价，度过了一天。”

己的心智并且享有与男性同样的机会的要求引起了公众的骚动。

下层阶级

英国乔治和摄政时期的人们认为下层阶级不应该接受高等的教育，因为他们担心这会激励他们质疑和反抗自己的命运。再加上英国的上层阶级的人们看到了海峡对岸的法国大革命带来的后果，这无疑加剧了他们对于底层人民反抗的恐惧。

在乔治和摄政时期的英国，大多数下层阶级的人们没有时间或金钱用于教育。来自贫困家庭的孩子，特别是工业地区的孩子，因为从小就开始从事社会工作而没时间去学习。而那些住在农村地区的人，他们所能从事的有偿工作很少，因此更有可能接受一点教育。一些贫穷的孩子上的是妇孺学校。这些小型私人场所是由工人阶级的妇女在自己家里经营的。学生们每周只需支付几便士就可以接受非常基础的教育。这些妇孺学校中的许多妇女只不过是保育员，并没有什么知识储备。

主日学校[1]（Sunday school）为下层阶级提供了更好的教

---

[1] 主日学校，又名星期日学校。英、美诸国在星期日为在工厂做工的青少年进行宗教教育和识字教育的免费学校。兴起于 18 世纪末，盛行于 19 世纪上半期。1780 年由英国出版业者、慈善家雷克斯在英格兰的格老色斯特首创。首次招收学生 90 人，教授《圣经》、拼音、识字。1783 年，雷克斯在其出版的刊物《格老色斯特纪事》中介绍此种学校后，引起社会的广泛兴趣。1784 年伦敦开办数所。汉娜・莫尔和马萨・莫尔姐妹为萨默塞特贫穷工人设立此种学校。1785 年，威尔士亦开办。同年成立“英格兰各地支持和鼓励星期日学校协会”，拟在各教区兴办。

育。主日学校运动于 18 世纪 80 年代由格洛斯特（Gloucester）的裁缝罗伯特·莱克斯（Robert Raikes）发起。他发起的原因是很担忧当地孩子在周日做出不守规矩和无礼的行为。他认为需要有人规范孩子们的行为，因此他创立学校的目的是通过教孩子们阅读《圣经》和其他有益的书籍来教化他们。他们还被教导按照神所号召他们的生活方式，过一种有道德、勤劳、正直的生活。这场运动取得了巨大的成功，不久全国就开办了许多主日学校。

许多给穷人开办的慈善学校都是在这个时期建立起来的。这些学校的资金由富人的遗产、成立的基金会和捐款提供。它们教孩子读书，并提供宗教和实用科目的教育。这些学校通常不教授写作，因为人们认为教下层社会的人写作是一种危险和不必要的事情。为最贫穷的孩子设立的贫民儿童免费学校和济贫院学校也提供了类似的教育。

在这一期间即将结束时，人们成立了两个为穷人提供教育的志愿社团。1808 年，不列颠及海外学校协会[1]由非国教教徒创立。1811 年，圣公会教徒创立了国家教会原则下促进穷人教育的全国协会。这些团体为穷人提供了更好的教育，是英国国

[1] 不列颠及海外学校协会（British and Foreign School Society），原名皇家兰卡斯特协会。1814 年因与兰卡斯特脱离关系而改此名，得到英王和皇室的赞助。协会宗旨：促进地方协会的成立并鼓励其建立学校；为各地培训教师；按不受教派约束的方针在其学校教授《圣经》。

家教育的先驱。

小说

女性教育是简·奥斯汀小说的一个重要主题。在《曼斯菲尔德庄园》中，她讽刺地将伯特伦（Bertram）姐妹的成就总结为“仅仅是锻炼她们的记忆力和练习二重唱”。这表明了她对女孩接受的有限标准教育的看法。再者，这种教育也并不总包括适当的道德教育。在《傲慢与偏见》和《曼斯菲尔德庄园》中，一个重要的主题是道德教育对女性的重要性以及它的缺失所造成的悲剧后果。

奥斯汀展示了那些接受了更好更广教育的女孩是如何反抗她们屈从的地位并掌控她们自己的生活的。伊丽莎白·班纳特（Elizabeth Bennett）和范尼·普莱斯都通过广泛阅读自学，学会了独立思考，逐渐形成了自己的立场，并有了表达自己观点的信心。她们都不顾家人的反对，拒绝了不适合自己的以及自己不爱的男人的求婚，最终嫁给了自己选择的、懂得平等和尊重的男人。

12

健康和医疗

随即，伊丽莎白走了进来，说她姐姐的病情更加恶化，而她不能抛下姐姐自己回家去。宾利竭力主张立刻去请琼斯先生来诊断，他的姐姐和妹妹却认为乡下郎中只会误事，主张赶快派人进城请一位名医来。伊丽莎白不同意那样兴师动众，然而她对宾利的建议也没有执意反对。最后，大家做出了决定——如果简的病不见明显的起色，第二天一大早便派人去请琼斯先生。

——《傲慢与偏见》，第八章

在乔治晚期和摄政时期，社会阶层和生活环境影响着人们可以接受的医疗服务的质量。较富裕的阶层虽然不能幸免于疾病，但他们至少可以负担得起更好的医疗服务。

疾病

当时流行的传染病和危险疾病包括佝偻病、肺结核、黄疸、白喉、霍乱和斑疹伤寒。由于当时的医学知识还非常有限，人们大多死于常见的小病，其原因通常是卫生条件太差。这一点对当时的人们来说毫不稀奇，尤其是对那些住在城镇贫民窟的穷人而言。由于城镇贫民窟的卫生条件是最差的，他们面临的患病和死亡的风险就最大。虽然乡村贫民可以享受更纯净的空气和户外生活，但他们仍然受到许多疾病的困扰，包括瘟疫和风湿病。这是因为他们住在沼泽地和无盖的水井附近。富人们则会因暴饮暴食和酗酒而患上痛风、消化不良和肥胖等病症。

当时最可怕的疾病是天花，六分之一到七分之一患病的人死于天花。而幸免于死亡的人会遭受毁容和失明的痛苦。后来，随着疫苗的发现，这种疾病被人们攻克了。

家庭疗法

这个时期，人们对人体的认识在不断提高，但对疾病的诊断却很差，许多疾病只被含糊地诊断为“低热”或“腐败热”。治疗疾病的第一步是家庭疗法，通常是用草药治疗。妇女负责治疗生病的家庭成员，因为许多妇女继承了有关病残治疗的书籍，或者编写了自己的书籍。在此期间，人们出版了第一批关于疾病治疗书籍，最受欢迎的可能是威廉·巴肯医生（Dr William Buchan）的《家庭用药，家庭医生》（*Domestic Medicine; or the Family Physician*）。这本书于 1769 年出版，到 1805 年的时候已经出了 19 版了。

江湖医生和药剂师

成为医生需要大量的费用，因此只有能支付得起这笔费用

——《18 世纪的医院》（*A Hospital in the Eighteenth Century*），H. Gravelot 的印本。18 世纪，伦敦开设了五家新的综合医院——威斯敏斯特医院（Westminster）、盖伊医院（Guy's）、圣乔治医院（St George's）、伦敦医院（The London）和米德尔塞克斯医院（The Middlesex）。到 1800 年，伦敦的医院每年治疗 2 万名病人。内科医生和外科医生在这些医院接受培训。这些医院是由慈善家资助的。

的人可以成为医生。医生中地位最低、最不可信的是在集市和市场上出售他们货物的江湖医生。他们向容易上当的顾客出售所谓万无一失的灵丹妙药，从而捞到一大笔钱。当时最著名的江湖医生是詹姆斯·格雷厄姆(James Graham),他在伦敦的“健康圣殿”(Temple of Health) 吸引了大批客人。在农村地区，大多数村庄都有一个“聪明的女人”或“狡猾的男人”，他们通常比江湖医生更真诚、更有见识，收费也很低。

药剂师是穷人的医生。虽然他们通常没有什么知识，也没有经过系统的训练，但药剂师至少比江湖医生好。他们自制了传统药物并且有自己专门的疗法。药剂师通常是真心实意想要给人们提供帮助的，而不是为了获利。

外科医生和内科医生

外科医生的地位比药剂师高，他们没有接受过学术培训，而是通过作为学徒时的实践来积累经验。他们会做一些简单的手术，如拔牙、移除肾结石和骨折复位。不过，手术总是人们最后会考虑的手段，因为它是如此的危险、残酷和痛苦。当时的人们对感染的严重性又知之甚少，因此感染与休克和坏疽一起导致了超过一半做手术的病人的死亡。

通过脑力劳动和运用学术知识来工作的内科医生比只用双手工作的外科医生享有更高的社会地位。他们都是皇家医师学

—— 威廉·霍尔创作的《奥利弗医生和皮尔斯医生在巴斯给病人做检查》。著名的医生在巴斯和其他温泉小镇营业。1798 年，简·奥斯汀陪同她的哥哥爱德华到访巴斯，那个时候爱德华的健康状况欠佳。爱德华尝试了许多不同的治疗方法。在给卡桑德拉的信中，简写道：“他在赫特林泵房喝酒，明天要洗澡，周二要试试电疗；他自己向费洛斯医生提出试试电疗，费洛斯医生没有反对，但我们都认为这样做没有好处。”后来，爱德华恢复了健康，活到了耄耋之年。

院（Royal College of Physicians）的毕业生。这些医生来自富裕阶层，他们经常和病人在同一个社交圈里活动。当地的医生治疗的是简单的疾病，但他们可以去城里或伦敦找医术更高明的医生来帮忙。

在那个时候，人们经常使用一些听起来就很可怕的治疗方法。最常用的疗法是放血疗法和水蛭疗法。这些疗法都是基于人们相信血液过量是导致疾病的原因的认识。拔火罐和起水泡是用来排除疾病和感染的，以排汗、通便和催吐作为预防措施。

当时，人们非常相信饮用温泉水和在温泉水中沐浴的功效，这也就是所谓的“水疗法”。然而，这一疗法并不是对所有人都适用。由于“水疗法”很昂贵，只有富有的人可以负担得起。富人们会经常光顾英国的温泉小镇，其中最著名的包括滕布里奇韦尔斯、切尔滕纳姆和巴斯。著名的医生会在这些城镇行医，提供各种治疗方法。

医学的进步

在这一时期，医学只有几项显著的进步。最重要的是爱德华·詹纳（Edward Jenner）的发现。他在 1796 年发现了一种通过注射小剂量牛痘病毒来预防天花的方法。这种疫苗后来被称为“vacca”，源于拉丁语中奶牛的意思。

威廉·霍加斯的《疯人院中的场景》(*Scene in a Madhouse*,耶鲁大学英国艺术中心,保罗·梅隆收藏)。精神病院里的病人会受到一些非常不人道的待遇。他们还被锁在牢房里,公众可以参观他们。这种做法在 1770 年停止了。随着 18 世纪医学的发展,疯癫开始被视为一种疾病,而不是人们之前认为的精神错乱或回归兽性。基于这种新的认识,人们开始引进更人道的治疗方法。

其他的医学进步还包括 1754 年一位海军外科医生发现柑橘类水果可以预防水手中常见的坏血病。遗憾的是，尽管詹姆斯·库克上校（Capt. James Cook）相信这一点，并且在 1770 年的澳大利亚远征中没有一名水手死于坏血病，但海军在接下来的时间里仍没有采取行动。在接下来的 10 年里，人们发现柳树皮提取物（现在的阿司匹林）对发烧、疼痛和炎症有益。1800 年，汉弗莱·戴维爵士（Sir Humphrey Davy）发现了一氧化二氮的麻醉作用。随后，越来越多的人也认识到流行病与环境之间的联系，这最终使公共卫生得到了改善。

医院

在简·奥斯汀生活的时代，只有穷人才会去医院，较富裕的人在生病期间都会在家里受到照顾。许多城镇有慈善医院和药房，这些设施为穷人提供基本护理和药品。医院是拥挤且肮脏的地方，这里负责处理伤员和一些需要直接治疗的病人，但不负责处理传染病。

在这期间，慈善机构建立了许多新的医院，仅在伦敦就新开了五家医院，加入包括历史悠久的圣巴塞洛缪医院（St Bartholomew's）和圣托马斯医院（St Thomas's）在内的行列中。不仅如此，人们还建立了治疗特定疾病（如性病）的医院。同时，很多医院从传统的护理和康复场所转变为治疗中心。

妊娠和分娩

在乔治和摄政时期的英国，准妈妈的数量被委婉地描述为“越来越多”。怀孕和分娩是非常危险的事情，因为当时的产科是非常不成熟的。简·奥斯汀的三个嫂子在分娩期间或分娩后不久就去世了。即使是摄政王的女儿夏洛特,在最好的护理下，也死于难产。

传统意义上讲，分娩是只有女性可以参与的活动，会有一名女性亲戚或助产士在场。这些助产士通常是文盲，她们有助产的经验，但没有接受过系统的培训。有时内科医生也会在当地接生。

男性接生婆，或称“男助产士”，在富裕阶层的人中很受欢迎。他们是合格的医师，通常有学位，并且具备使用外科器械的能力，如使用钳子。最初，他们只是处理复杂分娩的急诊医生，但他们逐渐成为一些妇女在分娩时候的助产首选。不仅如此，大多数城镇都有一所“待产”医院，为产妇提供了另一种选择。

心理健康

这个时候，遭受心理健康问题或困扰是非常不幸的。

—— 路易莎·马斯特洛夫（Louisa Musgrove）的摔倒。“不料她操之过急，早跳了半秒钟，咚的一声摔在下码头的人行道上，被抱起来时已经不省人事！她身上没有伤痕，没有血迹，也见不到青肿。但她双眼紧闭，呼吸停止，面无人色。当时站在周围的人，莫不惊恐万状！……路易莎睁了一下眼睛，但是很快又合上了，不像是苏醒的样子……医生以似乎不可能那么快的速度赶到了。他检查的时候，众人吓得提心吊胆。不过，他倒不感到绝望。病人的头部受到了重创，但是比这更重的伤他都治好过。他丝毫也不绝望，说起话来乐呵呵的。”

患者会被关在家里、私人疯人院或公共精神病院。伦敦有大量的精神病院，其中最著名的是伯利恒医院（Bethlehem Hospital），俗称疯人院，以及上穆尔菲尔兹（Upper Moorfields）的圣卢克精神病医院（St Luke's Hospital for Lunatics）。

人们相信，对心理健康患者进行残酷的治疗，例如殴打和冷水浴，可以消除他们的"坏情绪"。另外，人们还认为疯癫是由魔鬼侵入大脑而引起的，对此，有一种治疗方法是在头骨上钻孔，把邪恶的灵魂放出来，或者把病人锁起来。国王乔治三世患有卟啉症引起的经常性精神错乱，于是他接受了原始的治疗。随着 18 世纪医学的发展，疯癫被认为是一种精神疾病，专业人士为患者提供了更人道的治疗方案和更好的医疗环境。

简·奥斯汀的健康

简·奥斯汀小时候差点死于所谓的"坏疽性咽炎"。这可能是白喉，是一种传染性细菌感染。当时，简的病是由她母亲的草药疗法治好的。

奥斯汀一家的家庭医生是贝辛斯托克的约翰·莱福德（John Lyford）。他经常被叫来照顾奥斯汀的母亲，因为她的母亲似乎患有忧郁症。简在信中提到她患有一些小病，比如面部疼痛和视力衰弱。她有时不得不在写作途中休息一下，因为她的眼睛不舒服。导致简英年早逝的疾病至今仍是个谜。根据亨利·奥斯汀的说法：

> ……从 1816 年初开始，那种无法医治的严重衰退的征兆才开始显现。起初，她的健康衰退缓慢得令人无法察觉……

这种病无法确诊，但可能是阿狄森氏病（Addison's disease，一种罕见的肾上腺疾病）或癌症。到 1817 年年初，简表现出了一些骇人的症状，包括变得虚弱、发烧和皮肤变色。她的家庭医生兼温彻斯特医院的普通外科医生的侄子贾尔斯·金·莱福德（Giles King Lyford）一直照料着她，直到她去世。

小说

在简·奥斯汀的小说中有许多生病的例子和一个严重受伤的例子。药剂师是最常来治疗疾病的。在《傲慢与偏见》中，当简·班纳特在雨中骑马后生病时，一名药剂师在尼日斐（Netherfield）照料她。《理智与情感》中的玛丽安·达什伍德也因为被雨淋湿而患了肺炎。这时，每天都有药剂师来找她，用自己准备的药给她治病。

奥斯汀笔下病得最严重的角色是《曼斯菲尔德庄园》中的

汤姆·伯特伦（Tom Bertram）和《劝导》中的路易莎·马斯特洛夫。汤姆烧得很厉害，他需要内科医生的照顾。路易莎从莱姆里吉斯的码头上摔下来后，情况非常令人担忧，于是她请来了外科医生，医生发现她头部被“严重挫伤”，但是确信她能活下来。

13

旅游和交通工具

最后，三位女子坐的车总算关上了门，马匹迈着从容的步伐出发了，一个绅士的四匹膘满肉肥的骏马要走三十英里的路，通常用的就是这种步伐。从巴斯到诺桑觉寺恰好是三十英里，现在要平分成两段。马车一出门，凯瑟琳的精神又振作起来，因为与蒂尔尼小姐在一起，她感到无拘无束；她对这条完全陌生的路，对前面的寺院、后面的双轮马车都充满了兴趣，她毫不遗憾地望了巴斯最后一眼，并且出乎意料地看见了一块块里程碑。

——《诺桑觉寺》，第二十章

在乔治晚期的英国，旅行是富裕阶层的一种时髦的消遣方式。道路和交通的改善促使人们为了娱乐和办理必要的事情而出行。人们会前往温泉镇、海滨胜地和风景区。康斯太勃尔（Constable）和透纳（Turner）等浪漫主义艺术家关于风景的书籍和山水画使人们对自然风景产生了新的热情。与此同时，浪漫主义诗人的作品也激发了人们对自然美的兴趣。这些阶级的成员喜欢参观乡间别墅，这些别墅会接待任何前来参观的人。

贫穷阶层的人们与社会地位高的人不同，他们通常只待在他们生活和工作的地方。其原因是他们没有闲钱可以用来支付交通费，也没有时间花在休闲上。因此他们对外面的世界几乎一无所知。

道路和交通的改善让更多的人有能力去探索外面的世界，

而这其中的路途周转依然是一个重要的问题。为了减少周折，人们通常会选择长时间地拜访或延长他们的假期。这样，他们才有足够的时间从车马劳顿中恢复过来。由此看来，尽管当时道路和交通都有所改善，但漫长的旅行仍然困难重重。

道路

英国的道路从 18 世纪中期开始改善，但变化是很缓慢的。尽管法律要求教区在其辖区内维护道路，但这很少被强制执行。从 1755 年开始，国会通过了一系列法案，开始建立收费高速公路信托基金（turnpike trusts）。这时的道路上开始设立收费站，道路使用者必须交过路费才能通过这些道路。收费从 6 天 1 分（四匹马拉的马车）到 1 天 1 分（一匹马拉的未载货的马车）不等。筹集来的钱用于维修这段公路。到 1770 年，英国有 15000 英里的公路在收费高速公路信托基金的管理之内。

然而，许多乡村和住宅区的道路状况仍然很差。天气潮湿时，这些路就变得泥泞不堪，无法通行；天气炎热时，路就变得干燥坚硬，尘土飞扬。到 18 世纪末，约翰·梅特卡夫（John Metcalfe）改进了筑路技术，19 世纪 20 年代约翰·麦克亚当（John McAdam）和托马斯·特尔福德（Thomas Telford）又进一步完善了筑路技术。他们在筑路方面的贡献使得道路变得更好、排水更合理。1793 年以后，里程碑、路标和道路地图的完善又帮助了人们的出行。

这个时期，夜间旅行通常都是很危险的，因为道路上没有路灯。不过，有时人们会选择在无云的满月时出行。因此，晚间的社交活动计划会按照满月的时间来安排举行，并且组织者会建议行人们在夜里提着灯笼外出。

拦路抢劫的强盗

虽然这个时期公路上的拦路强盗比世纪初少了很多，但他们仍然是很危险的存在。他们喜欢自称为“道路骑士”，通常非常有礼貌，带着歉意向受害者保证他们是迫于贫困才做出这种可耻的行为的。因此，许多旅客随身携带额外的手提包和钱包，以便在遭到拦路抢劫时交出。为了规避这种被抢劫的风险，过路的人最好避开荒地、公共场所和空旷的乡村地带，尤其是在黄昏之后。被定罪的拦路抢劫犯的尸体被吊在路边的绞刑架上，用来告诫其他人不要去效仿他们。这种惩戒方法似乎很有效果，因为越来越多的人开始选择道路出行，交通流量变大。收费公路的收费员也变得越来越多，使抢劫犯的逃跑难度增加，拦路抢劫逐渐消失。

然而，当这些危险还存在时，也没有能阻止游客出行，客流量也稳步增长。路上行人、马匹、车夫、带着牲畜的农民、运货马车和各种车辆川流不息，使道路充满了生机。

——1760—1770 年的轿子（Sedan Chair）。轿子，无论是私人拥有的还是租用的，只能容纳一个人乘坐。它们由被称为“轿夫”的搬运工搬运，对于送女士前往参加社交活动非常有用。这些轿夫必须有执照，才能把乘客直接带到目的地。残疾人也会使用轿子，这是在温泉城镇常见的景象。因为轿子在人行道走是合法的，并且轿子是避免道路交通堵塞的好方法。晚上，工友们会拿着火把给轿夫们引路。私人使用的轿子通常装饰得非常精致，而租用的轿子则被涂成黑色。

交通工具

这一时期被称为“长途汽车旅行的黄金时代”，有许多交通工具供比较富裕的旅行者选择。马拉的车统称为马车。私人马车包括翠轼（chaise）、巴罗赫（barouche）、双排座活顶四轮马车（landau）、二轮轻马车（whisky）、小马车（gig）、卡里克尔（curricle）和轻便马车（cabriolet）。

乘坐私人拥有或雇用的驿车是一种流行且昂贵的旅行方式。大多数客栈都把这些车出租给旅客。旅客们从一个城镇到另一个城镇需要休整，会在驿站客栈换马。大多数马车都有四个轮子，由两匹马拉着；由一位马夫或者驿卒驾驶，他骑在左边的那匹马上。

公共马车是由私人公司向公众经营的。乘坐这些公共马车很不舒服，而且通常非常拥挤，车厢的里面和上面都有乘客。马车后面的篮子里装着行李和贫穷的乘客。公共马车还提供包裹递送服务。一辆马车和几匹马，真是一幅壮观的景象！不过，重型客车经过时所产生的噪音和振动，对生活在繁忙的客车路线周边的人造成了干扰，尤其是在晚上。

对于那些偶尔需要出行，但连公共马车行李箱里的空位都买不起的穷人来说，还有另一种选择。他们可以乘坐用于运输货物的缓慢、笨重、不舒服的载重马车（stage wagons）出行。

W. 沃德（W. Ward）的《收费公路入口》（*The Turnpike Gate*）。在公路需要收费的早期，许多人反对交过路费。这一点毫不奇怪，人们对几个世纪以来一直免费使用的道路开始收取昂贵的通行费自然会感到不满。过路费也不受人们待见，因为许多道路使用者不用支付过路费。行人、当值的牧师、行军中的士兵、选举日的选民、出入教堂或参加葬礼的车辆、农用车辆、去市场的动物和邮车都被免除路费。费用显示在收费牌上，收费员通过收费站的许多窗户来监视驶近的车。大门上有一个供行人使用的侧栏。

和公共马车的车票比起来，这点儿花销是很少的一部分了。

邮车

1784 年，邮车接替了骑在马背上的邮递员的递送工作，因为邮递员骑在马上经常遭到伏击和抢劫。只有少数乘客可以乘坐邮车，但他们乘坐的主要目的是为了更安全、快速地递送邮件。邮车上的警卫带着一把短枪和四支手枪来保护整个邮车。

这时，全国邮车系统建立起来了。大量的邮车每天晚上 8 点离开伦敦，把邮件送到全国 320 个目的地。邮车是如此可靠和准时，以至于乡村城镇都能根据它们的到来调整时钟。在收费公路上，邮车享有免交通行费的特权，这是为了提高它们的速度。在正常运行的情况下，邮车以每小时 10 英里的最高速度在城镇中疾驰，不停地放下和取走邮袋。它们会利用现有的客栈资源，因为这些客栈为出行的人提供食宿以及马厩，而马夫和铁匠负责照顾马匹。

道路交通事故

道路和车厢的改善使出行更轻便、更舒适，这大大改善了旅行和通信的环境。然而，公路旅行仍然有许多危险，交通事故经常在公路上发生。造成这些事故的原因有：道路很难通行、车辆超载、车轮脱落和车厢柱子断裂。在恶劣天气下，车辆经常会陷在泥浆和水里，没至车轴甚至更深。如果发生这种情况，人们会用坚固的栏杆将车辆从泥浆中撬出来。马滑倒、马蹄铁脱落、马挽具绷断或马挣脱缰绳也会引起事故。不仅如此，马匹有时会变得喜怒无常，从而造成事故。

运河

直到 18 世纪，货物才开始通过运河运输。英国的第一条运河建于 1761 年，是詹姆斯·布林德利（James Brindley）为布里奇沃特公爵（Duke of Bridgewater）修建的，用于从沃斯利（Worsley）向曼彻斯特（Manchester）输送煤炭。运河建设在 18 世纪 90 年代达到顶峰，那时已经修建了 4000 英里的内河航道。运河大大降低了运输成本，并解决了重型原材料和成品的运输问题。

人们也可以通过运河出行，乘坐“小渡船”或“客货船”，在乡间平稳而惬意地划过，经过田野、农舍和放牧的动物。

简·奥斯汀的旅行经历

在简·奥斯汀的童年时代，她的父亲拥有一辆马车，主要供他的妻子和女儿们使用。当奥斯汀一家再也付不起马车的费

——托马斯·罗兰森的《失控的马车》（*The Runaway Coach*，耶鲁英国艺术中心，保罗·梅隆收藏）。这个时候道路上经常发生交通事故。因为交通事故，简·奥斯汀失去了她的表亲和一位亲密的朋友。1798年，当简还是个孩子的时候，她的表姐简·威廉姆斯（Jane Williams）丢掉了性命。当时简·威廉姆斯正在怀特岛（Isle of Wight）的新港（Newport），自己驾驶着一辆单马四轮马车。这辆马车与另一辆马车相撞，她从马车上摔了下来，当场毙命。1804年，简的好朋友安妮·勒弗罗伊到达山顶时，她的马跑掉了，这样的失控导致了她的遇难。人们推测勒弗罗伊太太（Mrs Lefroy）当时惊恐万分，从马上纵身跳下，重重地摔在地上，几小时后去世了。

❶

❷

①凯瑟琳·莫兰和约翰·索普坐在他的马车里。“‘莫兰小姐，’索普扶她上车时说道，‘要是我的马一开始有点蹦蹦跳跳，你可别害怕。它很可能往前冲一两下，也许要一会儿赖才肯走。不过，它马上就会认得它的主人的。这家伙性子烈，虽然淘气，却也没有恶癖。’凯瑟琳听他这么一描述，觉得事情不妙，但是打退堂鼓又来不及了，何况她又年轻好胜，不肯承认害怕。因此，只好听天由命，就看那牲口像不像吹得那样认得主人了。凯瑟琳安安静静地坐下来，看着索普也在她身旁坐下。一切安排停当，主人以庄严的口吻，命令立在马首的仆人‘启程’。于是，大家出发了，马没冲也没跳，什么事情都没发生，那平平稳稳的劲儿简直令人难以想象。”

②《曼斯菲尔德庄园》里范尼在去索瑟顿（Sotherton）的路上的片段。“这一路经过一片令人心旷神怡的乡野。范尼骑马从未往远处跑过，因此没过多久，车子已来到她认不出的地方，看着种种新奇的景色，欣赏着种种旖旎的风光，心里不胜高兴。别人讲话不怎么邀她参加，她也不愿意参加。她自己的心思和想法往往是她最好的伴侣。她在观察乡野风貌、道路状况、土质差异、收割情形、村舍、牲畜、孩子们时，感到兴味盎然，假如埃德蒙坐在身旁，听她说说心里的感受，那可真要快乐到极点。”

用时，简和她的姐姐不得不步行前往许多地方。在潮湿的天气里，她们会把木鞋底系在鞋子上，这就是所谓的“木屐”（pattens），用来增高和保护自己的长裙不沾染泥土。由于乡村道路状况非常不佳，简有时被禁止外出以防遇到危险。在长途旅行中，简通常乘坐她哥哥的马车。这些都是可以运载 4 到 6 名乘客的大型马车。

在往返肯特郡的旅途中，奥斯汀夫妇和他们的女儿乘坐公共马车旅行。他们在肯特郡达特福德（Dartford）的布尔·乔治旅馆（Bull & George Inn）过夜，旅馆的老板诺特里先生（Mr Nottley）把他们照顾得很好。简去伦敦看望亨利时，乘坐公共马车或亨利的双轮马车。往返伦敦的途中她在萨里郡的科巴姆（Cobham）过夜，可能是在白狮旅馆（White Lion Inn）。

简在信中提到了乘坐各种交通工具旅行，她最喜欢的也许是一辆雅致的巴罗赫（barouche）。这是一种小型敞篷马车，她可以坐着它潇洒地在伦敦的街道上转悠。

小说

简·奥斯汀的小说中描述了很多次旅行和旅途中使用的各种交通工具。从《傲慢与偏见》里的班纳特家的马车，到《劝导》里的马斯特洛夫家（Musgroves）的马车，再到《诺桑觉寺》里约翰·索普（John Thorpe）和亨利·蒂尔尼驾驶的快车（the

—— 18 世纪晚期的戈德默沙姆庄园。戈德默沙姆庄园，位于肯特郡的坎特伯雷附近，是一座宏伟的帕拉第奥风格建筑，由简·奥斯汀父亲的远房表亲托马斯·奈特于 1732 年建造。爱德华·奥斯汀从托马斯·奈特二世（Thomas Knight II）和他的妻子凯瑟琳那里继承了戈德默沙姆的地产，这对夫妇于 1783 年收养了他，那时爱德华 16 岁。戈德默沙姆位于怀伊（Wye）和奇勒姆（Chilham）

之间宽阔的斯图尔山谷（valley of the Stour）。爱德华对房子的内部和整个庄园进行了一些改善。庄园里有林地、种植园、下沉式栅栏和一座多利克神庙（Doric Temple）。爱德华·哈斯特德（Edward Hasted）在他的《肯特史》（*History of Kent*，1798）中把戈德默沙姆描述为“优雅而美丽”的地方。戈德默沙姆庄园现在被用作商业场所。这个庄园仍然存在，并且对公众开放。

gigs driven at high speed）。

小说中一些角色会乘坐公共马车，比如范尼和威廉·普莱斯在前往曼斯菲尔德庄园的旅程中。埃德蒙·伯特伦（Edmund Bertram）从伦敦到朴次茅斯的旅程是如此之快，他一定是坐邮车前往的。回程时，范尼和苏珊·普莱斯（Susan Price）陪着他坐翠轼（chaise），苏珊坐在折叠边座上。

翠轼是小说中常见的交通工具。最豪华的翠轼是《诺桑觉寺》中蒂尔尼将军（General Tilney）的那辆，它被描述为"一辆时髦的四轮翠轼，四位马夫穿着漂亮的制服，整齐地踩在马镫上，旁边的骑马侍从也时刻准备着"。男性角色在一定距离范围内的旅行中选择骑马出行。比如，亨利·蒂尔尼骑马从诺桑觉寺到伍德斯顿牧师住宅（Woodston Parsonage），全程20英里；《爱玛》中的奈特利先生和埃尔顿先生（Mr Elton）也都骑马去往16英里外的伦敦。

14

乡村住宅

马车一直朝前驶去。伊丽莎白远远望见彭伯里的树林时，心里便打起了小鼓。最后驶进庄园时，她越发感到心慌意乱。

庄园很大，只见里面高阜低洼，气象万千。他们拣一处最低的地方进了庄园，坐着马车在辽阔、美丽的树林里行进了许久。

伊丽莎白浮想联翩，无心和人交谈，但每看到一处别致的景观，她都要发出由衷的赞叹。马车沿山路徐徐向上攀爬，走了约有半英里之后，来到了高山之巅。树林到此处戛然而止，彭伯里府邸顿时映入眼帘。那府邸坐落在山谷那边，谷中有一条起伏的小道蜿蜒曲折向外伸展。那是一座气势磅礴、美丽多姿的石头建筑，屹立在一片高地上，背靠着一道树木葱茏的山岗。那石头房子的门前，流淌着一条水势逐渐变大的小河。这是一股颇具天然情趣的湍流，显不出一丝一毫矫揉造作的痕迹。

——《傲慢与偏见》，第四十三章

治理国家和地方的贵族和地主都住在富丽堂皇的乡间别墅里。这些房子大部分都是家族一代代传下来的。由于长子继承的习俗，这些大地产会完整地交由长子来继承。

从大富豪的豪宅到地主、贵族的宅邸，乡村住宅的规模大小不一。这些乡村住宅在英国乔治和摄政时期的社会中占据着重要的地位。正是在这段时间里，乡村住宅不再仅仅是一个家庭住宅，它同时被赋予了新的功能，成为一个“权利的象征”和展示地位的场所。土地是政治权力的根源，乡村住宅拥有并管理着其周围的领地，是地主阶级权力和统治的标志。这些住宅对租户、邻居、朋友和其他上层阶级成员（包括政治对手）来说，是一个非常明显的提醒，提醒着他们主人所拥有的权力、地位和财富。

家具和工艺品

乡郊屋宇及屋苑在年内的固定日期开放，欢迎访客，并随时接待没有提前预约的访客。这些房子里摆满了喜来登（Sheraton）、齐本代尔（Chippendale）和赫普怀特（Hepplewhite）的贵重家具，以及其他昂贵的物品，如瓷器、银器和绘画。人们在欧洲之旅（Grand Tour of Europe）中收集到的手工艺品也陈列了出来。在乡村屋主和他们的妻子之间，有一种近乎狂热的收集物品的癖好。他们家中的物品是上层阶级的财富、品位、文化和鉴赏能力的证明。

装修

在这一时期，大地主家族通过收取租金、其他收入来源以及有利的婚姻来谋利，从而增加自己的财产。他们用这些

①肯特郡的奇勒姆城堡。奇勒姆城堡的地产毗邻戈德默沙姆庄园。这栋具有詹姆斯一世时期风格的（Jacobean）住宅有一个梯台式花园和一个由万能布朗[1]设计的景观公园。从1794年到1816年，它归詹姆斯·怀尔德曼（James Wildman）所有。简·奥斯汀和卡桑德拉·奥斯汀在肯特郡逗留期间，经常受邀参加奇勒姆城堡的晚宴和舞会。1813年11月，即将结束在舞会中的舞蹈生涯的简在那里参加晚宴后写道："我不再年轻了。我发现当一名年长的女伴可以尝到许多甜头，我会坐在火炉旁的沙发上，想喝多少酒就喝多少酒。"

②汉普郡贝辛斯托克的哈克伍德庄园。这所房子是在1683年到1687年之间为第一任博尔顿公爵（the first Duke of Bolton）建造的。这座房子里有许多美丽的嵌板和挂毯室，可以追溯到威廉三世（William III）时期。这座房子在1800年到1813年间由建筑师路易斯·怀亚特（Lewis Wyatt）重新装修。奥斯汀一家经常在哈克伍德庄园参加盛大的宴会和舞会。

①

②

[1] 万能布朗（Capability Brown），即兰斯洛特·布朗（Lancelot Brown），是英国自然风景园时期的领军人物，他在造园史的地位可以与勒·诺特尔（Andre Le Notre）相提并论，被誉为"自然风景式造园之王"。布朗以自己独特的方式代替了勒·诺特尔的抽象的古典主义，用地表的运动和地形来表达自然的作用力，震撼力不逊于勒·诺特尔。由于布朗对于风景园的规划与设计都是基于对场地内在特质的分析与理解，他对任何立地条件下建造风景园都表现得十分有把握，其口头禅是"大有可为"（It had great capabilities），所以他又经常被称作万能布朗。

财产来扩建和改善他们的住房和庄园。人们注重把房屋布置得跟上潮流，因此富裕的家庭会雇用著名的建筑师，如范布勒（Vanbrugh）和肯特，以及最好的园丁和工匠。富裕的家庭为了执行他们的房屋装修计划，会进行大量的拆除和重建。道路和建筑物有时会被他们命人移除，如果河流成为阻碍，那么他们就会给河流改道。许多新房子和扩建部分都是按照流行的古典帕拉第奥风格建造的，这些房子的风格也体现了哥特式建筑的复兴。在摄政时期，灰泥和熟铁是流行的建筑材料。

简·奥斯汀和乡村住宅

赫斯特伯恩宅子，汉普郡

奥斯汀家族在汉普郡的社交圈中有许多地主阶级的成员，简还拜访了他们的乡村住宅。其中最宏伟的是赫斯特伯恩宅子，位于贝辛斯托克附近，是朴次茅斯伯爵三世（the 3rd Earl of Portsmouth）及其家人的住所。利明顿伯爵（Lord Lymington）以前是乔治·奥斯汀的学生，他总是邀请奥斯汀一家参加他的年度舞会。赫斯特伯恩宅子是由詹姆斯·怀亚特（James Wyatt）设计的，并在1780年至1785年间为朴次茅斯伯爵二世（the 2nd Earl of Portsmouth）建造的。房子坐落在高地上，俯瞰着广阔的景色，它包括一个中心建筑，两翼通过柱廊连接到主屋。房子里面有一些漂亮的房间，有许多绘画来做装饰。这座豪华的宅子被一个风景优美的花园环绕着。

哈克伍德庄园

哈克伍德庄园也坐落在贝辛斯托克附近，是18世纪90年代简在参加舞会时得知的另一座豪宅。

这所房子是波顿勋爵（Lord Bolton）托马斯·奥德（Thomas Orde）和他的妻子简－玛丽（Jane-Mary）的家。

它最初建于1683年至1687年，但在1800年至1813年由建筑师路易斯·怀亚特（Lewis Wyatt）在第一任和第二任波顿勋爵在位期间进行了实质性的改造。

这个庄园在19世纪早期被改造了一遍，这个改造使它变得不那么规则，同时整个庄园向北延伸。

维恩庄园

维恩庄园是汉普郡的另一座漂亮的乡间别墅，简常在那里参加舞会和其他社交活动。

这里是威廉·丘特（William Chute）的家，他是汉普郡议员（MP for Hampshire），也是维恩狩猎的主人（Master of the Vyne Hunt）。

詹姆斯·奥斯汀是附近一个教区的助理牧师，他有幸认识了丘特。这座 16 世纪的房子，有一个美丽的都铎教堂（Tudor chapel）。后来这个教堂在 1654 年进行了改造，增加了一个门廊，在 1770 年增加了一个宏伟的楼梯。房子周围环绕着一个不规则园林，被称为“快乐花园”（Pleasure Garden）。花园中还有一个湖。

曼尼塘庄园

简去过的一个较小的乡村住宅是伍顿－圣－劳伦斯村（the village of Wootton St Lawrence）的曼尼塘庄园。这座伊丽莎白时期的房子正面是乔治王朝风格，是洛芙莱斯·比格－威瑟（Lovelace Bigg-Wither）及其家人的家，包括简的朋友伊丽莎白（Elizabeth）、凯瑟琳（Catherine）和阿莱西娅（Alethea）。简经常住在曼尼塘庄园，有时和朋友在贝辛斯托克舞厅（Basingstoke Assembly Rooms）参加完舞会后就住在那里。正是在这里，简出人意料地收到了朋友的哥哥哈里斯·比格－威瑟（Harris Bigg-Wither）的求婚。她一开始接受了求婚，但后来又改变了主意。再后来，哈里斯·比格－威瑟娶了安妮·豪·弗里斯（Anne Howe Frith），并育有 10 个孩子。他一直住在曼尼塘庄园，直到 1833 年去世。

查顿宅子

爱德华·奥斯汀在汉普郡的房产查顿宅子离查顿小屋

（Chawton Cottage）只有几步之遥，后者是简·奥斯汀度过她生命最后八年的地方。这座大而杂乱的伊丽莎白时期的房子建于 1580 年左右，在接下来的三个世纪里经历了不少改建和扩建。查顿宅子曾出租给房客好几年，直到 1813 年才空置。那年夏天，爱德华·奥斯汀和他的家人在这里住了五个月，这时戈德默沙姆庄园正在重新装修。在那个夏天，简多次参观了查顿大宅（Chawton Great House），对它非常熟悉。她特别喜欢坐在门廊上面的小房间里，在那里她可以看到客人进进出出。她也喜欢在院子里散步，她的哥哥在那里建了一个新的围墙花园。

肯特

简住在戈德默沙姆庄园时就参观过肯特郡的几所乡间别墅，因此她渐渐熟悉了这些宅子。肯特是个贵族郡，到处都是豪宅。简曾经写道："肯特是唯一的幸福之地，因为这里每个人都很富有。"

戈德默沙姆庄园

戈德默沙姆庄园是一座巨大的帕拉第奥风格宅邸，坐落在奇勒姆和怀伊之间的斯图尔山谷，占地600英亩。它是由爱德华·奥斯汀养父的父亲托马斯·奈特于1732年建造的。爱德华·奥斯汀和伊丽莎白·奥斯汀是那个时期典型的乡村屋主，他们以团队的形式经营戈德默沙姆宅子和庄园。爱德华管理着庄园，履行他作为地方长官和郡长的职责，他还在拿破仑战争期间领导地方民兵。伊丽莎白支持着她丈夫的工作，管理戈德默沙姆的房子，抚养一大家子人，并承担她这种地位的女士应该承担的所有其他责任。

1808 年，伊丽莎白在第 11 个孩子出生后突然去世，她的大女儿范妮接替了她的角色，成为家里的女主人。如果范妮没有接替管理戈德默沙姆宅子，戈德默沙姆宅子就不再是乡村住宅和当地社区的中心了。

在肯特郡，简还拜访过其他一些乡间别墅，包括古德斯通宅邸，那是她嫂子伊丽莎白的家；还有戈德默沙姆庄园附近的奇勒姆城堡，和在帕特里克伯恩附近的毕弗隆斯庄园（Bifrons Park）。

小说

在简·奥斯汀的小说中，那些巨大的乡村别墅是虚构的。但她在构思这些房子时，运用了她在现实中参观和住在一些房子时获得的知识。她多次拜访戈德默沙姆庄园，这使她对英国乡村住宅的生活有了一些了解。她把这一点很好地运用到了小说中。我们在小说中了解最多的房子是诺桑觉寺、彭伯里和曼斯菲尔德庄园。

贾恩·西贝雷克斯创作的《肯特郡帕特里克伯恩附近的毕弗隆斯》（*Bifrons near Patrixbourne in Kent*，耶鲁大学英国艺术中心，保罗·梅隆收藏）。如图所示，毕弗隆斯与周围的风景完美地融为一体。从 1807 年到 1812 年，它是坎特伯雷议员（MP for Canterbury）爱德华·泰勒（Edward Taylor）的家。这所房子最初建于 1600 年，在 1767 年被重建为乔治亚风格的房屋。简·奥斯汀通过她的哥哥爱德华·奥斯汀认识了爱德华·泰勒，她不止一次地拜访过毕弗隆斯。简似乎很倾心于寡居的泰勒。在1796 年，她写道："我们去了毕弗隆斯，我怀着一种忧郁而愉快的心情瞻望着我曾经深爱着的他的住所。"

肯特郡温纳姆附近的古德斯通宅邸。古德斯通（发音为“冈斯顿”Gunston）是布鲁克爵士（Sir Brook）和布里奇斯夫人（Lady Bridges）的家。他们是爱德华·奥斯汀的妻子伊丽莎白的父母。古德斯通宅邸是一座砖石房屋，建于18世纪早期，后来加了一层楼。简·奥斯汀和她的哥哥嫂子住在他们的第一个家罗林斯（Rowlings）时，经常拜访古德斯通。在1796年9月的一封信中，简描述了她所谓的在古德斯通宅邸举行的“舞会”。“我们在古德斯通吃过饭，晚上跳了两场乡村舞，逛了面包店……我们在那里吃了晚饭，晚上打着两把伞走回家去了。”

诺桑觉寺

蒂尔尼家族在《解散修道院法令》[1]（Dissolution of the Monasteries）实施的时候得到了诺桑觉寺。凯瑟琳·莫兰喜欢读哥特式小说中对教堂废墟的描述，根据这些描述，她以为诺桑觉寺是一座隐藏在古老橡树林中的阴森、令人毛骨悚然的、神秘的建筑。事实上，这是一个明亮、舒适而温馨的家庭住宅。它是由将军蒂尔尼和他的父亲在一个古老的建筑上建造的，就像 18 世纪的许多古老的修道院一样。

《诺桑觉寺》的创作并非基于简·奥斯汀对斯通利修道院的了解。斯通利修道院是她母亲祖先的家，但是她在写这部小说时并没有去过那里。

彭伯里

在《傲慢与偏见》中，达西先生是祖传下来的彭伯里的主人。他是一个年收入一万英镑的富人。彭伯里是那时的一个典型的乡村住宅，里面满是优雅昂贵的家具和艺术品。书中，作为彭

[1] 解散修道院行动开始于 1536 年：议会颁布了减少修道院数量的法令，要求解散全国所有岁入在 200 镑及以下的修道院。进一步的行动在 1537—1540 年间陆续进行，全国所有的修道院都被解散，财产全被充公，议会在 1539 年通过了《解散修道院法令》为此提供支持。行动过程中，国王派出的官吏和当地官员、修道院修士一起清点财产，贵重物品运往伦敦塔，土地被转移到国王名下，旋即卖出。这些土地中很大一部分都落入了乡绅手中。与此同时，全国所有的小礼拜堂和圣陵也被解散，教堂则不受影响。

—— J. 巴克勒（J.Buckler）画的《查茨沃斯庄园》（*Chatsworth House*，耶鲁大学英国艺术中心，保罗 · 梅隆收藏）。德比郡的查茨沃斯庄园是英国乔治王朝和摄政时期贵族拥有的巨大乡村别墅的典型代表。它是 1687 年由威廉 · 塔尔曼（William Talman）为德文郡公爵（Duke of Devonshire）设计的。2006 年，在电影《傲慢与

偏见》中，查茨沃斯庄园被用作彭伯里的拍摄地。很多人猜测，简·奥斯汀的彭伯里庄园是以查茨沃斯庄园为原型的。不过，她大概并没有真正看到这个地方，因为并没有她到过德比郡的记录。就像她小说中的人物和地点一样，简笔下的房子都是虚构的。虽然她在写小说时利用了她对乡村住宅生活的了解，但她笔下的住宅都是她想象的产物。

伯里的不速之客，伊丽莎白·班纳特和嘉丁纳夫妇参观了达西先生的家。伊丽莎白对其家中的家族肖像画廊很感兴趣，站在那儿盯着达西的画像看了很久。在环顾彭伯里时，伊丽莎白清楚地意识到拒绝达西给她带来了什么。

> 她心里想："然而，我差一点就做了这儿的女主人呢！这些房间也许我早就熟悉了！我非但不必以一个陌生人的身份来参观，而且还可以将它当作自己的住宅来受用。"

在小说的结尾，伊丽莎白克服了重重困难，赢得了达西的倾心和尊重，成了彭伯里的女主人。

曼斯菲尔德庄园

曼斯菲尔德庄园的主人托马斯·伯特伦爵士（Sir Thomas Bertram）不是贵族，而是暴发户。他靠自己在西印度群岛的地产发了财，并用这笔钱建了一座大房子。范尼·普莱斯到那儿居住时，惊叹于那儿的富丽堂皇。伯特伦一家享受着"一栋漂亮的房子和丰厚的收入所带来的一切舒适的结果"。他们模仿地主阶级成员的生活方式。然而，曼斯菲尔德庄园并不完全是典型的英国乡村住宅，因为伯特伦夫人太懒了，不愿履行乡

—— 这里是奥斯汀夫人的家族——利家祖传的住宅。斯通利修道院始建于 1155 年，最初是熙笃会[1]修道院，在《解散修道院法令》实施的时候落入利家之手。就在斯通利修道院被奥斯汀夫人的堂兄托马斯·利继承之后，简·奥斯汀和她的母亲在1806年参观了这座修道院。奥斯汀夫人说她对房子的美丽感到惊讶，她格外欣赏挂着家族画像的大客厅。她也对房子的巨大规模而感到惊讶——她数了数，单是正立面就有 45 扇窗户。至今仍屹立着的斯通利修道院，四周环绕着绿色的草地，埃文河流经其间，还有美丽的林地。

[1]熙笃会（Cistercian），罗马天主教修道士修会，又译西多会。修会于1098年建在法国第戎附近的勃艮第（拉丁文为Cistercium）的森林里。其主要目的是复兴严格的本笃会规范。圣·伯纳德是一位早期领导人，1115年他在克莱沃建立了熙笃会修道院。该修会盛行于整个欧洲。13世纪，熙笃会对本笃会完美生活的早期热情开始消退。15世纪期间，熙笃会不再重要。1664年，熙笃会特拉帕修道院制定了更严厉的规定，接受这些规定的修道士形成特拉帕派。1892年，熙笃会分为两个分支——普通遵守派和严格遵守派。特拉帕派被严格遵守派的熙笃会吸收。

①乔治·罗姆尼的《威廉·柯珀》(*William Cowper*)。威廉·柯珀是简·奥斯汀最喜欢的诗人，他的诗在史蒂文顿教区被大力传诵。他的诗歌以日常生活和乡村为主题，标志着英国自然诗歌的一个新起点。柯珀也是一位圣歌作家。他与约翰·牛顿(John Newton)合著了《奥尔尼诗集》(*Olney Hymns*)，其中包括牛顿著名的圣歌《奇异恩典》(*Amazing Grace*)。柯珀住在白金汉郡(Buckinghamshire)的奥尔尼(Olney)。

②乔治·莫兰所画的《家庭幸福》(*Domestic Happiness*)。收费的流动图书馆和书店满足了人们对小说日益增长的需求，小说是18世纪出现的一种文学形式。奥斯汀一家喜欢大声朗读小说，并互相讨论。他们并没有因为小说被当时的人认为是轻浮的文体而厌恶它。简自己的小说最初写出来是为了给家人朗读，供他们娱乐和消遣。

村住宅女主人的职责——她不招待客人，也不参与当地社区的生活。

在《曼斯菲尔德庄园》一书中，简·奥斯汀谈到了乡村住宅的改造问题。在一次关于改造拉什沃斯先生（Mr Rushworth）的伊丽莎白时代宅邸索瑟顿（Sotherton）的讨论中，“如画”美学[1]（Picturesque）的崇拜者范尼·普莱斯对这个计划感到担忧。在听到一些“漂亮的老树”因为生长得离房子太近，阻碍了房子的“前景”而被砍倒了的时候，她很难过。小说的后期，范尼反对亨利·克劳福德（Henry Crawford）关于改造桑顿·莱西（Thornton Lacy）教区的想法。她对改造教区的缺点的阐述很可能反映了作者自己对这个问题的看法。

[1]“如画”美学，在18世纪英国园林化的过程中，“如画”（Picturesque）是经常被提及的词汇。“如画”最直白的解释是，如果某地风景乍看好似一幅克劳德·洛兰（Claude Lorrain）或17世纪荷兰风景画家的作品，我们便说它“如画”。这个原本意义简洁明了的词汇在18、19世纪的英国却被赋予了复杂的含义，并作为美学范畴的一种重新登场，力图在“优美”和“崇高”之间取得某种平衡。它不仅仅是指园林化个案，深入影响了地景画类型，同时也是一个在18、19世纪英国的文化生活中扮演着重要角色的概念。“如画”被定义为一种新的美学发现，这种美学发现在文化生活中将各门艺术熔为一炉，使诗歌、绘画、园林、建筑彼此密切相关。

15

文学、戏剧、音乐和艺术

这只不过是本《塞西莉娅》《卡米拉》，或是《贝琳达》。总而言之，只是这样一些作品。在这些作品中，智慧的伟力得到了最充分的施展，因而，对人性的最透彻的理解、对其千姿百态的恰如其分的描述，四处洋溢的机智幽默，所有这一切都用最精湛的语言展现了出来。

——《诺桑觉寺》，第五章

英国乔治和摄政时期是艺术蓬勃发展的阶段，在各个领域都有大量作品涌现出来。18 世纪末，英国文学史上的奥古斯都时代[1]（Augustan era）让位给了浪漫主义[2]（Romantic era），理性的时代被感性所替代。浪漫主义是对 18 世纪理性主义价值观的反抗。那些有时间和金钱的人通常有很多机会在这个时期欣赏艺术。

[1] 奥古斯都时代，英国文学史上的全盛时期，在 18 世纪上半叶。

[2] 浪漫主义，英国是最早出现浪漫主义文学的国家之一。英国的浪漫主义文学代表了 19 世纪欧洲浪漫主义文学的最高成就。英国浪漫主义内部思想精神复杂，有柯勒律治的浪漫的超自然主义、华兹华斯的英国国教的正统主义、雪莱的无神论的精神主义、拜伦的革命的自由主义、司各特的对以往时代的缅怀，等等。但英国的浪漫主义还是有着鲜明的英国气质，即“自然主义”。

诗歌

奥古斯都时代的诗人，如亚历山大·蒲柏（Alexander Pope）和约翰·德莱顿（John Dryden），写的格律诗（Formal Poetry）关乎公共事务和公众关心的问题。用约翰逊博士[1]（Dr Johnson）的话来说，他们的作品“检验的不是个体，而是物种”。另一方面，浪漫主义诗人关注的是情感、个体和对生命的感知。华兹华斯（Wordsworth）说：“所有好的诗歌都是强烈情感的自然流露。”这些诗人对个体、想象和自然的看法完全不同于奥古斯都派，他们认为这些是真理和灵感的源泉。

主要的浪漫主义诗人是华兹华斯、柯勒律治（Coleridge）、布莱克（Blake）、拜伦（Byron）、雪莱（Shelley）和济慈（Keats）。不太知名的有约翰·克莱尔（John Clare）、乔治·克雷布（George Crabbe）和威廉·柯珀（William Cowper）。后两位是简·奥斯汀最喜欢的诗人，他们都写过关于英国乡村的诗。柯珀最重要的作品是《任务》（*The Task*，1782年）和《痴汉骑马歌》（*The Diverting History of John Gilpin*，1784年）；克雷布的是《图书馆》（*The Library*，1781年）、《村庄》（*The Village*，1783年）和《报纸》（*The Newspaper*，1785年）。奥斯汀一家喜欢互相大声朗读柯珀的诗，简·奥斯汀的信中也提到了这两位诗人。

[1] 约翰逊博士（Dr Johnson），本名是塞缪尔·约翰逊，英国文学史上重要的诗人、散文家、传记家和健谈家，编纂的《词典》对英语发展做出了重大的贡献。

小说

18 世纪最伟大的文学成就是小说。第一部小说是丹尼尔·笛福（Daniel Defoe）写的《鲁滨孙漂流记》（*Robinson Crusoe*）。这是一部关于真实人物的长篇小说，出版于 1719 年。18 世纪 40 年代，塞缪尔·理查逊（Samuel Richardson）、亨利·菲尔丁（Henry Fielding）、劳伦斯·斯特恩（Laurence Sterne）和托比亚斯·斯摩莱特（Tobias Smollett）把小说提升到了一个更高的层次。小说凭借其人物、情节、对现实生活的反映和对人类心灵的洞察，成为一种强大的文学形式。简·奥斯汀熟悉这些早期小说家的作品，尤其钦佩理查逊的创造力和其笔下人物形象的一致性。

在世纪之交，简·奥斯汀喜爱的范妮·伯尼和玛丽亚·埃奇沃思（Maria Edgeworth）出版了描写现实人物日常生活的小说。简则用微妙的讽刺和完美的散文写作功底写成了关于普通人和不同情景的家庭小说，其水平远远超过伯尼和埃奇沃思

—— 乔治·罗姆尼的《萨拉·西登斯》（*Sarah Siddons*）。这幅著名女演员萨拉·西登斯的画像是由 18 世纪最著名的一位肖像画家画的，简·奥斯汀非常崇拜她。西登斯是众多委托罗姆尼为自己画像的名人之一。托马斯·奈特和凯瑟琳·奈特是爱德华·奥斯汀富有的养父母，他们是罗姆尼的赞助人，罗姆尼也为他们画过肖像画。这些肖像画悬挂在汉普郡的查顿庄园。

—— 约翰 · 康斯太勃尔（John Constable）的《威利 · 洛特的小屋》（*Willy Lott's Cottage*）。简 · 奥斯汀欣赏英国乡村的美景。她曾经说过，她心目中的天堂是“一道美丽的风景”。在《傲慢与偏见》中，简拿时兴的对风景的狂热开玩笑——伊丽莎白 · 班纳特得知有可能去参观湖区，感到非常高兴，她欣喜若狂地叫道：“多么高兴，多么幸福啊！……人和高山大石比起来，算得了什么？我们将要度过一些多么快乐的时光啊！”

的小说。还有许多其他的女小说家，如今早已被人遗忘，她们当时很受欢迎，赚的钱也比简在世时多得多。

哥特式小说也很受欢迎，包括霍勒斯·沃波尔（Horace Walpole）的《奥特兰托城堡》（*The Castle of Otranto*）和安·拉德克利夫（Ann Radcliffe）的《奥多芙的神秘》（*The Mysteries of Udolpho*）。这些惊悚的故事发生在阴森的城堡和破败的教堂里，简·奥斯汀在《诺桑觉寺》中对其进行了模仿。简还在她早期的作品《爱情与友谊》（*Love and Freindship*，原文如此）以及在刻画《理智与情感》中极情绪化且易冲动的女主人公玛丽安·达什伍德时也模仿了伤感派小说的那种充满极端和不现实情感的风格。

无论是对古典小说还是其他类型的小说，当时的人们都有巨大的需求。为了满足这一需求，大多数城镇和水上场所都设立了收费图书馆和流通图书馆，向借书者收取年费。正如简·奥斯汀所指出的，当《曼斯菲尔德庄园》考虑再版时，“人们更愿意去借、去欣赏，而不是去买，这一点我一点儿也不奇怪”。简、卡桑德拉和她们的母亲先后在史蒂文顿和查顿的图书馆订阅图书，她们从那里借阅小说和其他文学作品。

戏剧

这一时期，戏剧也很受欢迎。在大多数省城、温泉镇和大型海滨度假胜地都有剧院，伦敦也是如此。德鲁里巷和考文特花园被认为是首都最好的剧院。

在那个时候观看戏剧演出与今天的戏剧观众所获得的体验截然不同。观众们一边吃东西、喝酒，一边聊天。他们在剧院中可以大笑、发出嘘声，或者向舞台扔烂水果和蔬菜。他们甚至可以在整个演出过程中随意进进出出。各个阶层的人都可以去看戏，富人坐在靠近舞台的包厢里，而穷人坐在正厅后排和走廊里。

与诗歌一样，戏剧也在这一时期发生了变化。它的风格从正式、夸张、传统变到自然、朴素。当时最成功的剧作家是写《对手》（*The Rivals*）和《造谣学校》（*School for Scandal*）的理查德·谢里丹（Richard Sheridan），以及《屈身求爱》（*She Stoops to Conquer*）的作者奥利弗·戈德史密斯（Oliver Goldsmith）。有许多小剧作家，包括女性作家，他们的戏剧也很受欢迎。莎士比亚的戏剧也经常上演。当时最伟大的戏剧演员有大卫·加里克（David Garrick）、马修·埃利斯顿（Matthew Elliston）、约翰·肯布尔（John Kemble）、埃德蒙·基恩、佩格·沃芬顿（Peg Woffington）、罗宾逊夫人（Mrs Robinson）和萨拉·西登斯。

简·奥斯汀在伦敦期间经常去剧院。1813 年，她常去吕克昂剧院和考文特花园。她看过的戏剧之一有《婚姻的秘密》（*The Clandestine Marriage*），她把它描述为“最受人尊敬的表演”，因为其他的表演“全在唱歌而且华而不实”。

简最喜欢的戏剧演员是埃德蒙·基恩，他的人气太旺以至于人们很难买到他表演的票。在1814年3月的一封信中，简告诉卡桑德拉：“我们对基恩很满意。我无法想象比这更好的表演了。我很想再见到基恩，也想和你一起去看他的表演。”

人们对戏剧的兴趣是如此之大，以至于许多家庭都在自己家里进行私人戏剧表演。奥斯汀一家也时常这样做。

音乐

演奏乐器和听音乐受到社会各阶层的喜爱。在伦敦的娱乐花园和音乐厅或者在温泉小镇和海滨胜地，都能听到汉德尔（Handel）、莫扎特（Mozart）和巴赫（Bach）的古典音乐。专业音乐家也会在私人聚会上表演。1811年4月，亨利·奥斯汀和伊丽莎·奥斯汀在简住在他们家时举办了一次这样的私人聚会。简在给卡桑德拉的信中写道：

> 我们的聚会进行得非常顺利。房间里装饰着鲜花，看起来非常漂亮。七点半，两辆出租马车载着音乐家们来了；八点左右，贵族们陆陆续续出现了。

简评价说，音乐“异常的好”，“所有的表演者都在做他

—— 托马斯·格兰迪（Thomas Grundy）的作品《河景》（*River Scene*）。英格兰乡村风景如画。当凯瑟琳·莫兰从亨利·蒂尔尼那里学到了这方面的知识时，简·奥斯汀也嘲笑了《诺桑觉寺》中的风景。“他谈到了近景、远景、次远景、旁衬景、配景法和光亮色彩。凯瑟琳是个大有希望的学生，当他们登上比琴崖（Beechen Cliff）顶峰时，她很有见地地说道，‘全巴斯城不配成为风景的一部分’。”

们应做的工作，并且非常享受在这里演出，可以明显看出他们没有一丝装腔作态”。

当时，人们在家也能享受音乐。较大的乡村住宅有音乐室，供客人娱乐，同时也供自家人在晚上聚在一起自娱。大多数中产阶级的社交聚会都涉及音乐。

歌剧在当时也很受欢迎。伦敦的场馆包括意大利歌剧院（Italian Opera House）、干草市场、吕克昂剧院，以及1812年以后的牛津街上的万神殿剧院（the Pantheon）。歌剧的排练和实际表演一样，都会向公众开放，并在毗邻的咖啡室为人们提供茶点。在歌剧院中，也会出现很多不体谅他人的观众，他们有着不良的观剧行为。

下层阶级的成员喜欢在村中的酒馆里合唱和唱民歌。当时的许多流行歌曲包括《乌鸫和画眉鸟》（*Blackbird and Thrushes*）、《一天清晨》（*Early One Morning*）和《亡者之殇》（*Down Among the Dead Men*）。

简·奥斯汀喜欢弹钢琴，但她家里的其他人都不太懂音乐。当她住在查顿的时候，为了不打扰到家里的其他人，只得在清晨就开始练习。简把乐谱抄下来用于演奏，有些还保留了下来。

绘画

这一时期是英国绘画发展的黄金时期，涌现出了许多在

皇家剧院（Theatre Royal），德鲁里巷。德鲁里巷的剧院是该地区建造的第三个剧院，也是简·奥斯汀经常光顾的地方。它于 1812 年开放，取代了 1809 年被烧毁的旧建筑。简喜欢看许多著名演员的表演，其中她最喜欢的是埃德蒙·基恩。在 1814 年 3 月 2 日至 3 日写给姐姐的一封信中，简写道："德鲁里巷剧院周六演出的位置已经预订好了，但是由于观众们都很想看基恩的作品，我只能买到第三排和第四排的位置。然而，由于它是在前面的包厢，我希望我们能很好地享受这出戏。"

肖像画和山水画方面杰出的艺术家。1768 年，皇家艺术学院在国王的支持下成立了。这所学院成立的目的是提高艺术家这个职业的声望，为艺术家提供一个平台来展示和出售他们的作品，并为新人提供免费的培训。皇家艺术学院的总部设立在伦敦的萨默塞特府，其第一任院长是乔舒亚·雷诺兹（Joshua Reynolds）。

肖像画画家

肖像画的发展在 18 世纪达到了顶峰。这一领域最优秀的艺术家有乔舒亚·雷诺兹（Joshua Reynolds）、托马斯·庚斯博罗（Thomas Gainsborough）、乔治·罗姆尼，以及后来的托马斯·劳伦斯（Thomas Lawrence）。上层阶级的人们以家里陈列着家庭画像为豪，他们经常请这些有名的画家为自己作画。这些艺术家都为当时最时髦、最著名的人物画过肖像。肖像画画家有时还擅长多个领域，比如庚斯博罗——除了为肯辛顿宫（Kensington Palace）的王室绘制肖像之外，他也是一位颇有成就的风景画家。18 世纪英国艺术的另一个重要人物是在德国出生的约翰·佐法尼（Johann Zoffany），他于 1758 年定居英国。简·奥斯汀年轻时的一幅肖像画是他画的。

山水画

这一时期，山水画处于新的活跃阶段。这一时期的艺术家

—— 排练话剧《情人的誓言》（*Lover's Vows*）。奥斯汀一家，像大多数家庭一样，喜欢为他们精选的朋友们上演业余戏剧表演。冬天，这些表演在斯蒂文顿教区长府邸的餐厅里举行，夏天则在乔治·奥斯汀的谷仓里举行。演出的剧目包括森特利夫尔夫人（Mrs Centlivre）的《奇迹——一个保守秘密的女人》（*The Wonder——A Woman Keeps A Secret*）和亨利·菲尔丁的《悲剧中的悲剧》（*The Tragedy of Tragedies*）。乔治·奥斯汀的侄女伊丽莎·汉考克经常在这些演出中扮演主角。简那个时候太年轻了，不能参加演出。他们最后一次业余戏剧演出是在 1789 年。

的绘画风格与古典山水画相去甚远。由于古典山水画的灵感来自阿卡迪亚（Arcadia）〔古希腊（Ancient Greece）的一个美丽又传奇的地方〕，当时的新流派画家认为这不如向大自然学习。因此，这个时期新兴画家的作品开始着重于真实生动地表现瞬息万变的大自然景色。在约瑟夫·透纳（Joseph Turner）、约翰·康斯太勃尔和乔治·莫兰等人的作品中，人们可以看出新的风景画艺术家以全新的视角描绘了纯粹的风景。

如画美学

“风景如画的”一词最初用于描述自然或人造的风景，类似克劳德（Claude）和普桑（Poussin）的作品。后来，业余艺术家威廉·吉尔平（William Gilpin）重新定义了这个词，指的是在峭壁、激流和破旧建筑中发现的崎岖、不规则和野性的景观。吉尔平是一位牧师兼校长，他周游全国，寻找并画出了如画的风景。他出版了他的旅行记录，其中包括他的速写。他的书非常受欢迎，并且引领了寻找如画美学的旅游热潮。

在 1818 年出版的《诺桑觉寺》与《劝导》中，亨利·奥斯汀在他执笔的作者传略中写道，他的妹妹“无论是在自然中还是在画布上，都是一位热情而明智的风景欣赏者”。简在很小的时候就迷恋上了吉尔平的如画美学。然而，在简的小说中，她嘲笑人们对如画美学的过分热情。

①约翰·佐凡尼(John Zoffany)的《乔治、柯珀伯爵三世、柯珀伯爵夫人和戈尔家族》(*George, Third Earl Cowper, Countess Cowper and the Gore Family*，耶鲁大学英国艺术中心，保罗·梅隆收藏）。音乐是上流社会享受的娱乐活动之一。弹奏乐器是教给女孩们的一种技能，既可以让她们消磨闲暇时光，也可以用在社交活动中娱乐。在《傲慢与偏见》中，有一个片段是伊丽莎白·班纳特在罗新斯（Rosings）为宾客弹奏钢琴，她为自己弹奏得不够娴熟而道歉。"'我的手指，'伊丽莎白说，'不像我见到的许多女士那样，弹起琴来熟练自如。它们没有她们的那种力度和速度，也就不能产生同样的表现力。不过，我总把这件事看作是我自己的过错——因为我不愿花费时间去练习。我可不信我的手指不及那些比我弹奏得美妙的女士们'。"

②威廉·荷加斯（William Hogarth）的《沉睡的教堂会众》（*The Sleeping Congregation*，耶鲁大学英国艺术中心，保罗·梅隆收藏）。这幅图显示了这一时期英国国教的冷漠。牧师的经文上讲道："凡担重担的人，可以到我这里来，我会使你们安息。"[1] 时间缓慢流逝，绅士们坐在封闭的长凳上，他们可以在那里读书或睡觉而不被人看见。在绅士们听漫长的布道时，他们的仆人会送来茶点。每个人在教堂里都有自己指定的位置，最重要的人坐在最前面。

[1] 原文：Come unto me all ye that are heavy laden and I will give thee rest.

讽刺画画家

从托马斯·罗兰森和詹姆斯·吉尔雷（James Gillray）等漫画家的作品中，我们可以了解到很多这个时代的生活的内容。讽刺画画家们讽刺了社会和政治生活的各个方面以及当权者的行为。不过，一些画家还画了一些关于英国乡村的迷人风景的画，比如罗兰森。

小说

简·奥斯汀小说中的绅士人物醉心于文化活动。尤其是阅读，因为这是一种很流行的消遣方式。《诺桑觉寺》中的凯瑟琳·莫兰、《理智与情感》中的玛丽安·达什伍德、《傲慢与偏见》中的伊丽莎白和玛丽·班纳特、《曼斯菲尔德庄园》中的范尼·普莱斯都是很棒的读者。范尼·普莱斯和简·奥斯汀一样，都是诗人威廉·柯珀的崇拜者。

奥斯汀通过她的小说来表达她对文学和艺术的看法。在《诺桑觉寺》中，她为被视为低劣文学形式的小说辩解，并且模仿了使凯瑟琳·莫兰对小说与现实产生混淆的哥特式恐怖小说。在同一部小说中，简·奥斯汀温和地嘲弄了人们对如画美学的狂热崇拜。

16

教会和神职人员

牧师不可能威风凛凛，衣着华丽。他不能做群众的领袖，也不能带头穿时装。但是，我不能称这种职业无足轻重。因为这种职业所担负的责任，对人类来说，不管是从个人来考虑还是从整体来考虑，不管是从眼前来看还是从长远来看，都有极其重要的意义——这一职业负责维护宗教和道德，并维护受宗教和道德影响而产生的言行规范。

——《曼斯菲尔德庄园》，第九章

在 18 世纪，英国国教经历了一段冷漠、死气沉沉和不被重视的时期。这是对 17 世纪清教主义[1]（Puritanism）和宗教冲突的回应，也是对科学发现和一种更具质疑性的文化的回应。在一个以理性和平衡为特征的时代，对宗教的过度狂热是不被人们看好的。正如达勒姆主教（Bishop of Durham）约瑟夫·巴特勒（Joseph Butler）所说："热情是一件非常可怕的事情。"

即使在 18 世纪 40 年代福音复兴运动（Evangelical Revival）开始之前，这个时期也不能被定义为完全不信教。

这时的大多数人还是相信上帝的，并努力按照基督教的教

[1] 清教主义（Puritanism），16 世纪出现于英国。该派要求以加尔文学说为依据改革英国国教会，承认《圣经》为唯一权威，反对国王和主教的专制。主张清除国教会所保留的天主教旧制度，简化仪式，提倡过勤俭清洁的生活。

义生活。上帝存在于人们的生活中，但人们并没有让宗教仪式取代他们的日常生活。根据约翰逊博士所说，“实际上很少有异教徒”。

虽然很多人去教堂，但也有很多人在洗礼和葬礼之间都很少去教堂或礼拜堂。其部分原因是许多牧师缺乏一种真正的天职的使命感，他们之中很少有人试图传福音或改变信仰。

然而，星期天被定为休息日。在一些家教很严格的家庭中，周日不允许孩子们玩游戏，只允许他们阅读《圣经》和其他宗教书籍。

尽管17世纪严格的道德标准有所放宽，孩子们还是需要接受基本的基督教和道德教育。一些严厉的规定也仍在执行，包括拒绝为未受洗礼的儿童举行葬礼或拒绝将自杀者埋葬在教堂的墓地。当时那些行为不端的人，比如未婚先孕的妇女，会被带到教堂会众面前作为罪人受到羞辱。

这一时期英国教会的神职人员有两种类型：授圣职者和未授圣职者。然而，未授圣职者的人数正在减少，他们是贵族和乡绅的家庭牧师，受到的待遇并不比仆人好。

教堂的大部分神职人员，都是授圣职的神职人员，由富有的地主把持，其余的则归大教堂、两所大学和王室所有。这些牧师通常出身低微，却获得了牛津或剑桥的学位。他们曾在牛津大学当过仆人，在剑桥大学当过宪兵，他们在那里做着卑微的工作，作为回报，他们可以接受教育。

当时并没有专门的牧师培训，但成为牧师最重要的条件是要有合适的引荐人。正如诗人威廉·柯珀所写的：“认识公爵的牧师知道得足够多了。”

此外，任命牧师候选人的考试对没有良好的社会关系的人没有威慑作用。简·奥斯汀侄女的丈夫本·勒弗罗伊在接受考试时被问到了两个简单的问题——“他是阿什的勒弗罗伊夫人的儿子吗？”以及“他和奥斯汀小姐结婚了吗？”1816年12月，在温彻斯特主教（Bishop of Winchester）考察亨利·奥斯汀时，那位杰出的教士把手放在希腊文版的《圣经》上说：“奥斯汀先生，关于这本书，我敢说你我都有好几年没看过了。”

教会的生活

教会里许多神职位置都给了富有地主的小儿子或兄弟。不出所料，这些神职人员中有很大一部分并没有从事过教会工作。此外，牧师和他的赞助人常常是亲戚关系。乔治·奥斯汀就是一个很好的例子。乔治·奥斯汀的两个有钱的亲戚把史蒂文顿和迪恩的神职位子送给了他。简·奥斯汀笔下的人物埃德蒙·伯特伦和亨利·蒂尔尼都是靠着家庭关系成为神职人员的。

任免权制度不仅导致了不合适的任命，还大大影响了神职人员的独立性。许多人不愿发表违背他们的赞助人的意愿的观点，因为他们害怕失去自己的生活来源和社会地位。这导致了

一个不知名的艺术家所创作的《在家的贫穷的助理牧师》（*A Poor Curate At Home*）。许多牧师，特别是身兼数职并且代表缺席的教区牧师的助理牧师，都很穷。许多助理牧师不得不靠每年仅 20 英镑的津贴来养家糊口。管理教区的所有繁重工作都落在了助理牧师的肩上，但那位缺席的牧师仍然从教堂的土地上收取什一税[1]（tithes）。许多牧师不得不像乔治 · 奥斯汀那样，通过招收学生来增加他们的津贴。

[1] 什一税，欧洲基督教会向居民征收的宗教捐税。公元 6 世纪，教会利用《圣经》中农牧产品的十分之一“属于上帝”的说法，开始向基督教信徒征收此税。公元 779 年法兰克国王查理大帝规定：缴纳什一税是每个法兰克王国居民的义务。10 世纪中叶，西欧各国相继仿行。所征实物按产品性质分为大什一税（粮食）、小什一税（蔬菜、水果）、血什一税（牲畜）等。税额往往超过纳税人收入的十分之一，负担主要落在农民身上。宗教改革和德国农民战争期间，废除什一税是农民的基本要求之一。西欧大多数国家直到 18—19 世纪才先后废除什一税。英国一直征收到 1936 年。

一些牧师变得谄媚，就像《傲慢与偏见》中的柯林斯先生一样。他特别渴望能取悦凯瑟琳·德·包尔夫人（Lady Catherine de Bourgh），因为他的地位得益于她。

大多数教会生活都很贫穷。从（旧时按固定比例给教会的）什一税和耕种的土地（教会所有的土地）中获得的报酬往往不够人们生存。许多地主和农民不愿意缴纳什一税，也不喜欢收什一税的牧师。

贫穷的生活导致了很多牧师身兼数职，同时需要在不同的教堂活动，有时会有缺勤。许多教区牧师把他们的教堂的管理权交给了助理牧师。但是助理牧师的报酬却少得可怜，基本上每年只能得到 20 到 50 英镑。在英格兰的一万个教区中，超过四分之一的教区没有常驻牧师。直到 1808 年，一项法律要求所有的牧师都需要住在他们所在的教区。

神职人员所应尽的职责并不是很严格，因为他们可以选择自己的职责。他们每周会进行一次用时很长的布道，但往往没有什么启发性。那个时候，一年只举行三次圣餐[1]仪式：

[1] 圣餐（The Lord's Supper 或 Holy Communion），亦译“神交圣礼”。基督教的主要仪式之一，也是一种特殊的崇拜仪典。关于这项礼仪的称谓，基督教会以不同的名称来称呼这一庆祝和纪念的行为，这包括弥撒、交圣餐、主餐和祝谢餐，其中天主教称圣体圣事，对其礼仪称弥撒；东正教称圣体血；新教称之为圣餐。

复活节[1]（Easter）、圣灵降临节[2]（Whitsun）和圣诞节[3]（Christmas）。当被要求去拜访病人和穷人时，大多数神职人员会照办。他们也会尽可能地参加洗礼、婚礼和葬礼。

教堂建筑的状况反映了教堂并不受到重视。许多教堂潮湿、发霉、没有暖气、通风不良。教堂作为每周开放一次的建筑，在不使用时经常被遗弃给蝙蝠和鸟类。

有些牧师视教会工作为天职，勤勉地照顾教区居民。即使有些人仅仅是为了经济上的原因而选择了这个工作，他们也会尽力履行自己的职责。简·奥斯汀的父亲和兄弟们都是尽职尽责的教区牧师。乔治·奥斯汀与他的教区居民生活在一起，并参与他们的生活。他能很娴熟地照顾羊群，他的女儿们则帮助他拜访穷人和需要帮助的人，并为他们做衣服。

史蒂文顿的生活开销大约是 100 英镑一年，而土地只有几英亩，不足以维持生计。因此，乔治·奥斯汀从托马斯·奈特

[1] 复活节，是纪念耶稣基督在十字架受刑死后复活的周年纪念日，在公历 3 月 21 日（春分）之后满月后的第一个星期日举行，是西方基督教国家的传统节日。东方教会则规定，如果满月恰逢星期日，则复活节再推迟一周。因此，节期大致在 3 月 22 日至 4 月 25 日之间。复活节是最古老最有意义的基督教节日之一，庆祝的是基督的复活，世界各地的基督徒每年都要举行庆祝。复活节还象征重生和希望。

[2] 圣灵降临节，“Whitsun”这个词源自“White Sunday”（白色星期日），是复活节星期日之后的第七周。

[3] 圣诞节，基督教纪念耶稣诞生的重要节日。亦称耶稣圣诞节、主降生节，天主教亦称耶稣圣诞瞻礼。耶稣诞生的日期，《圣经》并无记载。公元 336 年罗马教会开始在 12 月 25 日过此节。12 月 25 日原是罗马帝国规定的太阳神诞辰。有人认为选择这天庆祝圣诞，是因为基督教徒认为耶稣就是正义、永恒的太阳。5 世纪中叶以后，圣诞节作为重要节日，成了教会的传统，并在东西派教会中逐渐传开。

——托马斯·伯克（Thomas Burke）创作的《教区的牧师得到属于他的什一税》（*The Vicar Of The Parish Receiving His Tithes*）。教区的牧师或教区长有权得到其教区所有耕地的十分之一的税收。这项税收自 9 世纪以来就开始执行，由现任者负责征收。在贫困的农村教区，什一税通常以实物形式支付，必须有一个谷仓来储存什一税。收取什一税很耗费时间，因此，通常将其转换成金钱支付。这样一来，许多辛勤工作的贫困教区居民对缴纳什一税感到十分不满。

那里租下了干酪农场，在附近种地以维持生活。他喜欢做一个有教养的农场主，而他的妻子则照料奶牛和教区花园。他们在农场的劳作为全家提供了所需的农产品。

不从国教者

在这一时期，人们对罗马天主教[1]（Roman Catholics）不太宽容，但英国国教对非国教教徒[2]（Dissenters）则持宽松的态度，如贵格会[3]（Quakers）和一神派[4]（Unitarian）。人们

[1] 罗马天主教，天主教的全称为“罗马天主教会”，亦称“罗马公教”，简称“公教”，以前也曾音译为“加特力教”。天主教、东正教与新教并列为基督教三大派别，我国学术界通常把它们合称为“基督宗教”。基督宗教是一种信奉耶稣基督为救世主的宗教体系，相信上帝作为圣父、圣子和圣灵的三位一体，人死后复活和末日审判，以及基督的复归和对人世的拯救。它源自古代巴勒斯坦地区，成熟于古罗马帝国，在欧洲中世纪时被奠立为西方宗教思想体系的代表。

[2] 非国教教徒，不从国教者，是英国基督教新教中拒不参加国教会的教会及其信徒的总称。16 世纪，英格兰进行宗教改革，脱离天主教会，成立国教会（圣公会），通过一系列法令规定其为英国国教，要求臣民信奉国教，并尊国王为英国教会之首。但非国教的教派及信徒不肯服从，被称为“非国教徒”。清教徒即其代表。狭义的非国教派又称抗议教派，专指拒绝服从 1662 年的《划一法》而被革除教职的教士。1689 年获得政府宽容，但直至 19 世纪才获得完全的宗教及社会权利。

[3] 贵格会，又名教友派、公谊会（ the Religious Society of Friends，正式名称），兴起于 17 世纪中期的英国及其美洲殖民地，创立者为乔治·福克斯。“贵格”为英语 Quaker 一词之音译，意为颤抖者，贵格会的特点是没有成文的信经、教义，最初也没有专职的牧师，无圣礼与节日，而是直接依靠圣灵的启示，指导信徒的宗教活动与社会生活，始终具有神秘主义的特色。

[4]一神派，一神论信普救说者协会（Unitarian Universalist Association，UUA）。“上帝是唯一、是唯一可以取代传统基督教三位一体学说”，这种思想可以追溯到远古时代阿里乌讲义时期（256—336）。

——一位不知名的艺术家创造的《约翰·卫斯理和其他两名牧师》(*John Wesley and Two Other Clergymen*)。卫理公会的创始人约翰·卫斯理在精神诘难的时期，参加了一个宗教会议，在那里他有了戏剧性的皈依经历。用他的话来说："大约在八点四十五的时候，当他描述上帝通过基督信仰来洗涤人的心灵时，我的心莫名地感到温暖。我觉得我相信基督，只有基督能救我，而且他已经除去了我的罪，甚至是赦免了我，把我从罪恶和死亡中拯救出来。"卫斯理将他余生的精力都奉献给全国各地的人们，通过传递信仰来拯救他人。

允许这些团体按照他们的意愿进行礼拜。正如丹尼尔·笛福在18世纪早期所说，每个人都可以“以自己选择的方式进入天堂”。然而，对持不同政见者的持续偏见导致他们被排除在公共职位和某些特权之外。随着18世纪的发展，人们普遍回归英国国教，持不同政见者的数量逐渐减少了。

福音派复兴

18世纪40年代，福音派开始复兴，其目的是从内部重振英格兰教会。这次复兴是由约翰·卫斯理、他的兄弟查尔斯（Charles）和乔治·怀特腓德（George Whitefield）领导的。他们都曾是牛津大学一个名为“神圣俱乐部”的组织的成员。这个团体的宗教生活围绕着“规则”和“条理”，因此他们成员的昵称是卫理公会教徒。

1725年，约翰·卫斯理被任命为他父亲的助理牧师。在1738年，正当卫斯理在信仰上挣扎时，他经历了一次戏剧性的皈依，这激发了他对英国国教精神之冷漠和道德标准之松懈的反抗。从这之后卫斯理开始通过激动人心、充满热情的布道来传讲救恩。由于英国国教不允许他们在教堂布道，卫斯理和乔治·怀特腓德成为巡回布道者。他们骑马走遍全国，向广大群众传道，其中包括许多穷人。很多人被他们鼓舞人心的布道和振奋人心的赞美诗所感动。

随着布道者的努力，福音派传到了一些偏远的地方，如被英国国教忽视的康沃尔（Cornwall）和北部工业地区。约翰·卫斯理宣称“整个世界”都是他的教区。当卫斯理1791年去世时，他已经旅行了25万英里，赢得了7万多名皈依者。虽然卫斯理从来没有打算建立一个独立的教派，但卫理公会在他去世后就脱离了英国国教。

简·奥斯汀的信仰

简·奥斯汀是一位虔诚的基督徒，她的信仰对她来说很重要。用她的侄孙女玛丽·奥古斯塔·奥斯汀－利（Mary Augusta Austen-Leigh）的话来说，奥斯汀家的孩子们都被培养成“肩负着上帝和人类的责任”的人。亨利·奥斯汀这样描述他的妹妹：“她是一个虔诚的教徒，害怕冒犯上帝，也不会对其他任何教派有任何感情。”

简的信仰教会了她同情穷人，同时也为她的作品赋予了道德维度的思考。她认为信仰是私事，因此她不喜欢福音派所表现出的狂热。当简的堂兄爱德华·库珀牧师出版了一本布道书时，简意识到她不喜欢他们，并将他们描述为“因重生和皈依而感到过分完满”。然而，她后来软化了她的态度，在给她侄女的一封信中写道：“我绝不是说我们不应该成为福音派。”

简对上帝的信仰在她的临终期间支撑着她，并帮助她接受

—— 查顿的圣尼古拉斯教堂。亨利 · 奥斯汀于 1816 年任职这座教堂的助理牧师。亨利，就像他的父亲和兄弟詹姆斯一样，是托马斯 · 伯特伦爵士在《曼斯菲尔德庄园》中所描述的勤奋牧师的典范。他说，他们知道，“人的天性需要的教导不是每周讲一次道理就能解决的。如果一个人不与他的教区居民生活在一起，不通过持续关注他们的祝福者和朋友来证明自己，他就不会为他们或他自己做什么好事”。

——— 柯林斯先生向伊丽莎白·班纳特求婚。由于柯林斯先生依赖于他的资助者凯瑟琳·德·包尔夫人，所以他随时都急于取悦她。凯瑟琳夫人命令他找一位妻子，这就促使了柯林斯先生去拜访表亲班纳特先生，以求娶他的一个女儿。尽管柯林斯先生是一个滑稽的人，但他的存在体现了庇护制度的危险性，这个制度剥夺了教会神职人员的独立性。

了病痛是上帝的旨意。卡桑德拉和简有着同样的信仰，也正是她的信仰让她在简死后得到了慰藉。她相信有一天自己会和简一起进入天堂。

小说

简·奥斯汀的小说中有许多牧师和即将进入教堂的人。他们中包括那些有真正职业的人，如《曼斯菲尔德庄园》的埃德蒙·伯特伦和《诺桑觉寺》的亨利·蒂尔尼，以及那些没有职业的人，如《曼斯菲尔德庄园》的格兰特医生（Dr Grant）。

在曼斯菲尔德庄园，有一场关于教会现状的有趣讨论。玛丽·克劳福德认为，包括埃德蒙·伯特伦在内的年轻人都是被教堂舒适又安逸的生活所吸引，从而选择到这里的。埃德蒙则认为玛丽的观点是基于对神职人员有限的了解。他告诉玛丽，尽管他知道前面有很好的生活在等着他，但他仍然是自己选择去担任这个职位的。他认为，的确也有懒惰、自私的牧师，他们还会让助理牧师为他们管理教区，但他强调，“他们并不常见，所以克劳福德小姐不能断言这就是他们的普遍特征”。

17

陆军和海军

就职业本身而言，不论是海军还是陆军，都是正当的。这样的职业，从各方面看都受人敬仰：它需要大无畏的精神，要冒送命的危险，会经历惊天动地的场面，还有威武雄壮的打扮。陆军和海军总是受到上流社会的欢迎。

——《曼斯菲尔德庄园》，第十一章

陆军

在这一时期，英国陆军队伍参与了好几场战争。其中最重要的是美国独立战争[1]（American War of Independence，1775—1783）、法国革命战争[2]（French Revolutionary

[1] 美国独立战争，或称美国革命战争、北美独立战争，是北美 13 州殖民地的革命者反抗英国统治、争取民族独立的革命战争，以及与其他几个欧洲强国之间的一场战争。

[2] 法国革命战争，又称法国资产阶级革命，是 1789 年 7 月 14 日在法国爆发的革命，统治法国多个世纪的波旁王朝及其统治下的君主制在三年内土崩瓦解。法国在这段时期经历了一个史诗性的转变：过往的贵族和宗教特权不断受到自由主义政治组织及上街抗议的民众的冲击，旧的观念逐渐被全新的天赋人权、三权分立等民主思想所取代。关于法国大革命结束的时间，世界史学界看法众多，难成共识。在法国，普遍将热月政变作为大革命结束的标志，热月政变推翻了雅各宾派的激进集权统治。政变中建立了以热月党人为代表的政权。法国历史进入维护大革命成果时期。

Wars，1792—1803）和拿破仑战争（1807—1815），英国军队只输了第一场战争。

在当时的英国，军人是一个受人尊敬的职业。这吸引了上层阶级人士的小儿子，以及等待继承遗产的长子。许多人被以高水准的专业精神和纪律而闻名的军队所吸引。与此同时，他们也向往着冒险和取得荣誉。英国陆军军队有两个分支，正规军或常备军和民兵。此外还有非全时部队，通常称为志愿部队，他们不参加民兵的选拔。

英国的军队规模变化很多。18 世纪 90 年代，有 15000 名正规军驻扎在英国国内，3000 名驻扎在国外。当英国受到法国入侵的威胁时，参军的人数开始大幅上升。然而在和平时期，为了节省开支，军队的规模相对较小。在不需要军队的时候，正规军的工资减半，但他们需要随时准备征召。

1741 年，伍尔维奇的皇家军事学院[1]（Royal Military Academy at Woolwich）成立，其目的是训练军事学员。大部分军官都来自富有的阶层，因为进入学院学习必须付佣金。除了战争时期立功而得到晋升，其他时候的晋升必须花钱。除此

[1] 伍尔维奇的皇家军事学院，是 Royal Military Academy Sandhurst（英国桑赫斯特／桑德赫斯特皇家军事学院）的前身，于 1741 年由英国国王乔治二世签署文件批准建立。它所培育的精英使英国在第二次世界大战时成为反法西斯的大本营和解放欧洲的反攻基地。从这所学校里走出来的杰出人物有英国首相丘吉尔、著名军事家蒙哥马利、英国陆军元帅罗伯茨、亚历山大和费斯廷等。英国两个年轻王子威廉和哈里也先后在这所学校接受教育。

之外，很多军官都会通过私人收入来补贴自己。其原因是军官的薪水通常都很低，不足以负担他的开支（包括马匹、制服和补给）。

普通士兵大多是由社会的渣滓——罪犯、流浪汉和贫民组成的。如果罪犯同意参军，他们就会从监狱中被释放出来，而教区当局则会因为招募贫民而得到一笔赏金。还有一些人自愿参军，是为了获得固定的薪水（尽管薪水不高）和到国外冒险的机会。大多数的普通士兵都成了好士兵。据记载，威灵顿公爵（Duke of Wellington）曾说过：“他们从前是地球上的渣滓；我们能把他们培养成这样的好人，真是太好了。”

军队生活艰苦而富有挑战性。纪律是严厉的，即使是轻微的犯罪也会受到鞭打等严厉的惩罚。在肮脏狭小的军营里，感染疾病的风险很高，而且士兵们日常所需的肉类、面包、燕麦或米饭和啤酒的供应也不够充足。

在和平时期，正规军充当警察的角色。在没有法律制约的时期，他们经常被召去平息骚乱和叛乱，比如 1780 年造成伦敦街头混乱的戈登骚乱[1]（Gordon Riots）。他们还打击偷猎

[1] 戈登骚乱，1780 年 6 月发生在伦敦的一系列“废除教皇制”的暴力活动，因新教徒协会会长乔治·戈登勋爵（Lord George Gordon）而得名。暴乱持续了四五个昼夜。暴徒们洗劫并焚毁了布鲁姆斯伯里广场（Bloomsbury Square）上曼斯菲尔德勋爵（Lord Mansfield）的住宅并毁坏了他的藏书及大批手稿，包括许多曼斯菲尔德勋爵的手迹。军队最终将暴乱平定，但损失已十分惨重。乔治·戈登勋爵因之被指控犯有谋反罪。后因证据不足，被宣告无罪。

—— 弗朗西斯·惠特利（Francis Wheatley）的《离开布莱顿》（*The Departure from Brighton*，耶鲁大学英国艺术中心，保罗·梅隆收藏）。在《傲慢与偏见》中，福斯特上校（Colonel Forster）的兵团从麦里屯迁到布莱顿时，莉迪亚·班纳特陪伴在他们身边。“她幻想着在那华丽的浴场附近，一条条街道上都挤满了军官。她幻想着几十个甚至几百个素昧平生的军官，都对她献殷勤。她幻想着堂皇富丽的营帐，帐幕整洁美观，里面挤满了血气方刚的青年小伙子，都穿着灿烂夺目的大红军服。她还幻想到一个最美满的情景，自己坐在一个帐篷里面，同时跟好多个军官在柔情蜜意地卖弄风情。”

者和走私者，镇压公路抢劫。

在这一时期，当正规军在国外时，民兵负责国内防御。1792 年，在英国遭受入侵最严重的时候，民兵被召集起来并驻扎在英格兰南部和东南部的海岸。在冬天，民兵被安置在城镇和村庄里，成为当地社会的一部分。和正规军一样，在发生公共骚乱时，民兵也充当警察。

英格兰的每个郡都必须提供一定数量的军官和士兵来加入民兵。总司令通常是郡里的地主，而军官则来自贵族阶层。这些高级职位都是人们花钱购买来的，而普通士兵是抽签选出的。民兵可以被调度到这个国家的任何地方，只要有需要就必须前去服役。

在公共场所、山坡上和市场上举行的阅兵式会吸引大批群众。士兵们会在来访的将军面前行进和操练，并展示他们在目标射击和模拟战斗中的技能。

1793 年法国向英国宣战时，简·奥斯汀的弟弟亨利以中尉[1]的身份加入了牛津郡民兵组织。据简说，他曾经“渴望”加入正规军，但没有实现。后来，他被依次提拔为民兵的上尉[2]、军长（出纳官 paymaster）和副官（adjutant）。据他的妻子伊丽莎说，他拥有“相当可观的财富和荣誉”。1801 年，他辞去了他的职务。

[1] 中尉，lieutenant 在英国陆军中是中尉，但在英国皇家海军中是上尉。

[2] 上尉，captain 在英国陆军中是上尉，但在英国皇家海军中是上校。

1804年，当外敌入侵的威胁逼近的时候，爱德华·奥斯汀成立了东肯特志愿队的戈德默沙姆和莫拉什公司（Godmersham and Molash Company of East Kent Volunteers），来帮助保卫海峡的海岸线。

海军

英国皇家海军比陆军更受人们的尊重，并且他们拥有欧洲最好的船只、军官和水手。

皇家海军在英国与殖民地的贸易中发挥了重要的作用，在保护英国免受法国入侵和挫败拿破仑建立帝国的计划方面也发挥了至关重要的作用。在此期间，英国海军与法国人、荷兰人和西班牙人都交过战。

海军和陆军一样，对上流社会的人们的小儿子和等待继承遗产的长子来说，都是一个受人尊敬的职业。冒险、荣誉和可能靠战时的奖金致富的前景吸引着他们。海军职位是不能花钱买的，但在军官生涯的早期阶段，获得资助是晋升的一个关键步骤。

正是因为这样的机制，出身低微的人也可以加入海军，之后他们可以凭借自己的能力晋升。在海上工作六年之后，人们可以通过考试成为中尉，这是职业阶梯的第一级。然而，在海军中，徇私舞弊和腐败都很猖獗。贿赂别人的人或者具有社会

——托马斯·罗兰森（Thomas Rowlandson）的《布拉克利北安普敦郡民兵检阅》（*A Review of the Northamptonshire Militia at Brackley*，耶鲁大学英国艺术中心，保罗·梅隆收藏）。正规军、民兵和志愿军在山坡、公共用地和集市广场上举行检阅。士兵们受到陆军将领检阅，并向围观的人群展示他们的行进、训练和射击技能。他们有时也会模拟战斗。

①乔治 · 莫兰的《逃兵的告别》（*The Deserter's Farewell*）。军队的纪律极其严格。即使是轻微的罪行，如醉酒和小偷小摸，也会受到鞭打。当违规者从两排士兵中间经过时，会受到鞭打，这是一种常见的惩罚。所有的惩罚都是当着其他士兵的面进行的，目的是羞辱违规者，并阻止其他人犯罪。逃兵受到的惩罚特别严厉。被捕的逃兵有时会被打上字母 D 的烙印。再犯者可能会被处决。

②1770 年《牛津杂志》（*Oxford Magazine*）上的“抓丁团”（The Press Gang）。尤其是在战争时期，很难找到足够的水兵和强壮的士兵来管理皇家海军的船只，因此需要抓丁团的帮助。尽管抓丁团的手段非常可疑，但还是得到了政府的授权。抓丁团不仅在陆地上活动，也在港口和造船厂活动。为了吸引合适的人加入海军，1800 年抓丁团发布了一份皇家公告，鼓励人们入伍以换取赏金。此外，他们还提供了预付工资和资金来诱惑人们签约入伍。

影响力的人可以更快地在军队中晋升。

这时，有许多普通水手被迫服役。水手们在经历了漫长而艰难的航行后的返航途中，经常被抓丁团抓住并且强制入伍。当他们的船靠岸时，他们被围捕起来，抓丁团用脚镣把他们带走。这些抓丁团还在陆地上抓人，在街上抓游手好闲的人，罪犯也不例外，他们都被迫服役。这些被迫加入军队的人往往在海军军营中安顿下来，表现出色，变得勇敢并且可以自力更生。

海上的生活极其艰苦，尤其是对普通水手来说。除了来自敌人的威胁和随时会丧生于海上事故的危险，他们还必须与远离家园所承受的长期孤独做斗争。船上的生活条件非常恶劣，有斑疹伤寒和坏血病等疾病流行。由于船上的空间很狭窄，疾病传染的速度非常快，以至于死于疾病的水手比死于战争的水手还多。除此之外，水手们只能靠腌牛肉、猪肉、硬奶酪和船上遍布象鼻虫的饼干过活，有时再配上啤酒和朗姆酒吞下这些食物。

海军的军纪建立在恐惧而不是建立在尊重的基础上。用九尾鞭[1]（cat o' nine tails）鞭笞是一种常见的惩罚。艰难的生活

[1] 九尾鞭，也称九尾猫，是一种多股的软鞭，它最初被用作刑具，在英国皇家海军以及英国的陆军中用作重体罚的刑具，在英国和其他一些国家的执法体罚中也有过使用。九尾鞭这个名称在英语中首次出现于 1695 年。名称的来源可能是它导致的平行的伤痕像爪导致的伤痕一样。它的设计可能比其名称更早。它一般有九股，采取了传统编绳的方法。三根纱线编成一根细索，三根细索编成一根粗索。当时的人把一根粗绳解开成三根细绳，再解开成三根更细的绳，这样就成了九尾鞭。

①J. M. W. 透纳（J.M.W. Turner）的《从特拉法加胜利返回》（*The Victory Returning from Trafalgar*，耶鲁大学英国艺术中心，保罗 · 梅隆收藏）。海军中将霍雷肖 · 纳尔逊（Vice Admiral Horatio Nelson）生于 1758 年。他是诺福克郡（Norfolk）一位牧师的儿子。纳尔逊 12 岁出海，21 岁时晋升为上校。他辉煌的事业证明了出身卑微的人是如何凭借自己的才能而获得晋升的。1805 年 10 月 21 日，纳尔逊率领英国舰队在特拉法加战役中击败了法国。他死在他的旗舰“胜利号”上。伦敦的纳尔逊纪念柱和特拉法加广场都是为纪念他的胜利而建造的。

②弗朗西斯 · 切舍姆（Francis Chesham）在尼古拉斯 · 波科克（Nicholas Pocock）之后画的《英国护卫舰独角兽号和法国护卫舰论坛号之间的战争》（*Action between the English frigate Unicorn and the French frigate La Tribune*）。1796 年 6 月，查尔斯 · 奥斯汀参加了这场海战，他的表姐简 · 库珀的丈夫托马斯 · 威廉姆斯上校指挥了这场海战。在这次成功的行动之后，威廉姆斯上校被授予了爵士头衔。根据战舰的大小、大炮和船员的数量，战舰有六种不同的“等级”。最强大的一流船只可以承载 100 多门大炮和 800 名官兵。这些昂贵的船只是由大约 2000 棵橡树制成的。

和不公正的奖惩导致了军队中有叛乱的现象，而叛乱最终被残暴镇压。绞刑是对敢于质疑上级命令的人使用的惩罚。这些措施对于控制大量骚乱分子是必要的。

简·奥斯汀的水手兄弟

弗兰克和查尔斯·奥斯汀在皇家海军最辉煌的岁月里服役。他们展示了出身卑微的人如何凭功绩在军队中取得进步。这些勤劳勇敢的人拥有漫长而杰出的海军生涯。简在信中经常提到弗兰克和查尔斯。她密切关注着他们的进步，并为他们的成就感到无比自豪。

1786 年，12 岁的弗兰克·奥斯汀进入朴次茅斯的皇家海军学院，经过训练后，他迅速晋升。1796 年，他被任命为护卫舰特里顿号（HMS Triton）的中校，这是一艘在德特福德（Deptford）下水的新型护卫舰。两年后，他被提升为海燕号巡防护卫舰（HMS Petterel）在直布罗陀（Gibraltar）的中校。1804 年，《亚眠和约》[1]（Peace of Amiens）破裂后，英国和法国又恢复了敌对状态。

弗兰克搬到拉姆斯盖特（Ramsgate）领导“海上防御军”

[1]《亚眠和约》，于拿破仑战争发生期间的 1802 年 3 月，由当时法兰西第一共和国第一执政拿破仑·波拿巴的兄长约瑟夫·波拿巴及英国的康沃尔侯爵代表法英双方所缔结的休战条约。

①弗兰克·奥斯汀。简去世后，弗兰克杰出的海军生涯继续发展。他在 1830 年成为海军少将[1]（Rear Admiral），1837 年成为巴斯勋位（Order of the Bath）的骑士指挥官（Knight Commander），次年成为海军中将[2]（Vice Admiral）。1848 年，他被提拔为海军上将[3]（Admiral），并被派驻到北美及西印度舰队（North America and West Indies Station）。1862 年，他再次被提拔为海军少将和英国海军中将。弗兰克在他是海军元帅的时候结束了他的舰队生涯。

②查尔斯·奥斯汀。查尔斯和他的哥哥弗兰克一样，在皇家海军度过了漫长而成功的职业生涯。他把拿到的第一笔奖金花在为他的姐妹们买黄水晶十字架上。简去世后，查尔斯积极地与奴隶贸易做斗争。1838 年，他参加了英法对抗埃及的战役。查尔斯后来因参与轰炸地中海的阿卡（Acre）而被任命为巴斯骑士团的一员。他最后晋升的职位是东印度群岛的总司令。1852 年查尔斯在缅甸服役时死于霍乱。

---

[1] 海军少将，海军将级军官中较低的一级军衔称号。

[2] 海军中将，一个海军军衔，仅次于海军上将。

[3] 海军上将，海军高级军官的军衔。在英文中 Admiral 和舰队司令是同一个意思，常是指挥海军一个舰队或在陆上担任重要海军职务的军官。这个名词有时也指商船队或渔船队的一队之长。在欧洲，这个头衔一度是皇室高级军官的头衔。当时拥有这个头衔的贵族不是水兵出身，极少在海上指挥作战；他们是管理海军事务部门的首脑，负责提供作战所需的舰只，并对后来由海军法庭审理的案件有裁判权。到 1620 年英国用舰队司令这个名词专指海上的指挥官。

（Sea Fencibles），这是一支保卫肯特海岸的部队。纳尔逊认为他是一个“优秀的年轻人”，但弗兰克对1805年10月没有参加特拉法加战役感到失望，因为他当时在别处执行任务。几个星期后，弗兰克参加了在圣多明戈（San Domingo）对战法国军队的战争，并取得了胜利，这弥补了他的遗憾。他被奖励了一枚金牌和一个银花瓶。1809年，弗兰克作为皇家海军圣奥尔本斯号（HMS St Albans）的中校参加了西班牙半岛战争（Peninsular War）。简去世后，他的事业继续蓬勃发展，最终被任命为海军元帅（Admiral of the Fleet）。

查尔斯·奥斯汀也在12岁时进入了朴次茅斯的皇家海军学院，三年后第一次出海。他参与了持续数年的反法战争，在此期间，他在多艘船上担任上尉。

1804年，查尔斯被任命指挥停泊在肯特海岸的印度号护卫舰（HMS Indian）和那慕尔号护卫舰（HMS Namur）。他的下一个任务是在地中海担任凤凰号护卫舰（HMS Phoenix）的总司令。简去世后许多年，查尔斯成为东印度和中国站（East India and China Station）的总司令。他在缅甸服役时牺牲了，他的部下对他的逝世深表哀悼。

小说

简·奥斯汀的小说中有许多士兵和水手。她笔下的军事人

—— 温特沃斯上校（Captain Wentworth）给安妮·埃利奥特（Anne Elliot）的一封信。简·奥斯汀的小说中的所有水手，除了《曼斯菲尔德庄园》中范尼·普莱斯的父亲，都是高尚而英勇的人物。在《劝导》中，当安妮·埃利奥特再次遇见她的旧爱弗雷德里克·温特沃斯（Frederick Wentworth）时，他在海军生涯中表现突出。他“很快又晋升了一级。由于接连缴获战利品，他现在一定攒下了一笔可观的财富。她只有海军花名册和报纸作为依据，但是她并不怀疑他发了财”。

物包括蒂尔尼将军和他的儿子弗雷德里克（Frederick）。弗雷德里克是第12轻龙骑兵团（12th Light Dragoons）的一名上校，在《诺桑觉寺》里被描绘成喜欢喝酒和玩弄女人的形象。布兰登上校（Col. Brandon）在《理智与情感》一书中娶了玛丽安·达什伍德。他曾在东印度群岛服役，在那里赚了足够的钱回家，改善他在德文郡的庄园。

在《傲慢与偏见》中，福斯特上校的民兵团驻扎在麦里屯，成为当地社区的一部分，在小说中扮演了重要的角色。莉迪亚·班纳特跟随兵团来到布莱顿附近的夏令营，被乔治·威克姆（George Wickham）迷住了。威克姆是一个赌徒，一个挥金如土的人，也是一个诱惑者，他是"浪子"的一个典型的例子，这是当时小说中常见的人物形象。

简·奥斯汀在写《曼斯菲尔德庄园》和《劝导》时运用了她对海军的了解。这些小说中所有的水手，除了范尼·普莱斯的父亲，都是高尚而英勇的人物。

在《曼斯菲尔德庄园》中，范尼心爱的哥哥威廉作为一名海军军官候补出海，经历了许多危险。退役海军上将克劳福德对他的海军生涯有很大的影响。毫无疑问，简·奥斯汀在创作威廉·普莱斯这个人物时受到了她水手兄弟们的启发。她在小说中使用了弟弟弗兰克的几艘船的名字。威廉·普莱斯（William Price）和查尔斯·奥斯汀一样，用奖金给妹妹买了一个黄水晶十字架。

—— 马修 · 达利（Matthew Darly）的《荒谬头饰》（*The Preposterous Headdress*）。18 世纪 70 年代的英国掀起了一股狂热，女人们模仿法国女人把头发梳成荒谬的发型。她们把头发堆得很高，用金属丝架垫着，用假发撑着，头上还戴着精致的装饰品。为了适应她们的发型，轿顶必须被掀开，女士们必须坐在马车车厢地板上。在户外，人们会戴上大帽子或兜帽来遮盖头发，或者在头上戴上一顶小帽子。这些发型曾遭到讽刺画家的嘲笑，就像这幅图所示。

《劝导》中勇猛的英雄弗雷德里克·温特沃斯（Frederick Wentworth）是一名海军上校，在海上漂泊了八年。在此期间，他获得了晋升、社会阶级的提升和一笔可观的奖金。克罗夫特海军上将（Admiral Croft）是温特沃斯的姐夫，也是一个品行端正的人，他在海上赚了不少钱，足以在萨默塞特郡购买一处房产。

18

时尚

说到这里，她便把买来的那些东西拿给她们看。“瞧，我买了这顶帽子。我觉得不太漂亮；可是我想，买一顶也好。一到家我就要把它拆开重新制作，你们看我会不会把它收拾得好一些。”

——《傲慢与偏见》，第三十九章

“时尚”的概念就是在这一时期产生的。伦敦引领了时尚潮流，巴斯和布莱顿等地也紧随其后，但最新的潮流需要一段时间才能传达到乡村。

从一个人穿的衣服可以一眼看出他属于什么阶级。这是一条重要但不成文的规定，人们根据他们在社会中的地位来选择着装，人们也希望自己的穿着与自己的年龄相称。

女性

当简·奥斯汀还是一个年轻女子的时候，女性的时尚正在发生变化。到了 18 世纪 90 年代，她们不再穿僵硬厚重的织锦、花裙，也不再戴高耸的头饰。只有在宫廷里，女士的礼服里需

①来自海德霍夫时尚画廊（Heidelhoff's Gallery of Fashion）的时尚样板。这个时装板上展示的是 18 世纪 90 年代的衣服。这些长袖拖背长裙由白色缎子制成，手筒和披肩由山羊皮和熊皮制成。简 · 奥斯汀在给她姐姐的信中描述了一件类似的衣服，这封信写于 1798 年 12 月——“我相信（I beleive 原文如此）我要让我的新礼服像我的长袍一样，但这件新礼服的后面和拖尾是一体的[1]。7 码的布料足够我把这些想法实现。”

②骑马服。到了 18 世纪末，男性风格的骑马服开始成为女性之间流行的衣服。她们戴着类似于男人才戴的较高款式的帽子，马鞭作为配饰。骑马服是为旅行而穿的。简 · 奥斯汀的母亲多年来一直穿着红色的骑马服。这件衣服一定是用非常耐用的材料做成的，因为它最终被剪裁做成了一套给她儿子弗兰克穿的衣服。

[1] 原文：but the back of the latter is all in a peice (sic) with the tail.

—— 乔治 · 莫兰的《懒惰》（*Idleness*）。在乔治和摄政时期，女人们就像这幅画的主人公一样，在室内戴着帽子。许多女性，包括简和卡桑德拉 · 奥斯汀，都自己制作帽子。在 1798 年 12 月给卡桑德拉的信中，简写道："自从我回家后，我给自己做了两三个帽子，它们为我省去了美发方面的苦恼。目前，除了洗头发和梳头发之外没什么问题。我的长头发总是梳起来，短一些的头发也卷得很好，因此不需要用夹板。"

要穿宽大的裙箍。在这些烦琐的服饰消失之前，裙撑取代了裙箍，然后裙撑被臀部和背部的衬垫取代。后来，更非正式和更简单的服装形式成了新的时尚，如“圆礼服”。圆礼服是高腰、宽松的连衣裙,上身由交叉织物或大围巾制成,搭配腰带或饰带。新潮的礼裙是用轻薄、舒适的面料制成的，如薄纱、棉布或印花布。以前穿的是带扣的高跟鞋，现在穿的是低跟鞋。

帽子是女性服装中非常重要的一部分。女人出门很少有头上不戴东西的，即使只是一个蝴蝶结或一个装饰用的梳子。18 世纪末，自然卷发配上宽边帽子取代了假发和高高的发型。帽子上通常饰有高高的羽毛，这种装饰是随着德文郡公爵夫人（Duchess of Devonshire）而流行起来的。与此同时，帽子也很受欢迎。许多妇女充分利用母亲传授的缝纫技能，自己制作帽子。在室内，妇女们戴着附有带子的头巾式女帽，帽子的带子从下巴下面系到脖子后面。甚至在晚上，人们都是戴着睡帽入睡的。

19 世纪初

在世纪之交，女性时尚发生了另一个变化。优雅、飘逸的希腊风格裙装和高腰帝国式腰线裙（Empire-line dress），因拿破仑皇帝（Emperor Napoleon）的妻子约瑟芬（Josephine）而在欧洲流行起来，成为一种时尚。帝国式腰线裙有一件普通布料做的小紧身胸衣，在胸部下面有一条缎带和较短的下摆。它们由轻薄的白色织物制成，并贴合身体的轮廓。女人们在穿这些裙子的时候，裙子里面几乎什么都不穿，胳膊和脖子都裸露在外。为了搭配这种裙子，她们在白天会佩戴短手套，而晚上则戴齐肘的手套。

帝国风格的裙子和短的名为“斯宾塞（Spencer）”的夹克一起穿。“斯宾塞”夹克是以第二位勋爵斯宾塞命名的。当时，这个贵族站得离火太近，把上衣的下摆烧焦了。他剪掉了燕尾服的下摆，没想到竟然开创了一种新的时尚潮流。在冬天，新式样的连衣裙和一件有紧身马甲和衣领的长大衣一起穿，这种大衣被称为开襟式女士轻外套、斗篷或带有毛皮围巾和手筒的克什米尔大披肩。平底芭蕾舞鞋和半靴成为鞋类的时尚。

这一时期，阔边女帽（Poke bonnet）开始流行起来。它们是由乡村风格的草帽演变而来的，用一条宽丝带系着，从帽檐系到下巴。1798 年纳尔逊在尼罗河战役中获胜后，埃及风格的 Marmeluke 帽成为晚装的时尚单品。

男性

中上社会阶级的男性的时尚也在这一时期发生了变化。他们的衣服，像女人的一样，变得不那么正式。那些绣花的大衣和马甲，浅色的男士马裤、长袜，带扣的鞋子和三角帽都被改良了。

取而代之的是素色的实用型阔棉布外套；唯一留下的衣服上的装饰（留下来的时间不长）是手腕处和脖子上的花边。人们穿着更适合骑马的裁剪过的外套，摒弃了几年前的宽裙外套。“乡村绅士”的装扮则是把紧身马裤掖在马靴里或系在脚踝处。有钱的男人有能力穿更多颜色和款式的衣服。牧师穿着素净的黑色衣服、及膝马裤，脖子上戴着一种叫作“stock”的白领布。

为了支付拿破仑战争的费用，政府对发粉征收了重税，这导致人们在假发和头发上不再使用发粉。有些男人会把假发和自己的头发混在一起，但大多数男人干脆不戴假发，而是把头发剪短了。摄政时期见证了以浮华的乔治（博）·布鲁梅尔[1]为首的花花公子[2]的出现。布鲁梅尔喜欢优雅、简单、合身的衣服。比起艳丽的颜色，他更喜欢朴素的深色外套，并穿着白色亚麻布衣服，戴着围巾。

孩童

18 世纪的大多数孩童都打扮得像迷你版的大人。大约在 1770 年，人们第一次专门为孩子们设计了衣服。这是受到了法

[1] 乔治（博）·布鲁梅尔 [George (Beau) Brummell]，摄政王的朋友。他追求贵族式的高雅，注重仪表，自称每天要花 5 个小时用于装扮。布鲁梅尔的品位不仅为他赢得了“Beau（俊美的）Brummell”的别称，更深得摄政王乔治四世的赏识。

[2] 花花公子（dandy），《牛津英语词典》将“Dandy”解释为“过分关注外表和时尚的男性（A man unduly concerned with looking stylish and fashionable）”。

①一件麻纱衣服。大约在 18 世纪末，轻织物开始流行起来，如细麻布、薄纱、薄绸和平纹细布。新帝国风格裙子的里面穿得很少。1799 年，在伦敦，一位俄国军官给了一位时髦的女士一便士，原因是她的衣着暴露，这是贫穷的象征。在他的家乡，女人的地位是靠衣服的保暖程度来确定的。

②步行装。这张时尚样板画来自 1807 年的《上流社会》（*Le Beau Monde*），展示了一位女士穿着一件白色的平纹细布礼服，带子系在胸部下面，后面是一整片布，肩部和下摆处有打结的装饰。她还戴着一顶吉卜赛草帽，系着一块白手帕，脖子上戴着一条黄色围巾，脚上穿着山羊皮做的半高筒靴。她手里拿着一只白毛手筒。旁边的男士穿着一件厚大衣，戴着高礼帽，蹬着马靴，戴着手套。他手里拿着一根手杖。

国哲学家让·雅克·卢梭（Jean Jacques Rousseau）的影响，他认为应该给孩子更多的自由。他建议给孩子们穿“最朴素、最舒适的衣服”，让他们有“最大的自由”。

这之后，孩子们的衣服变得更随意，也更容易穿着。在4岁或5岁之前，男女都穿长袍和窄裤。女孩们在11岁或12岁之前都穿过小腿的裙子和灯笼裤。青春期的女孩穿着和她们母亲一样的裙子和长裤。她们的衣服是印花布或白色细布做的。

从6岁开始，男孩们就穿宽松的衬衫、高腰及脚踝的裤子，也就是所谓的“骷髅套装”（Skeleton suits）。大约10岁的时候，他们开始穿马裤、背心和长夹克。在摄政时期，搭配白衬衫和褶边衣领的伊顿套装（Eton suits）开始流行起来。

时尚杂志

正是在这一时期，一些专门为女性编写的杂志首次出版。有些期刊，比如成立于1794年的《海德霍夫时尚画廊》（*Heidelhoff's Gallery of Fashion*）和成立于1809年的《阿克曼时尚宝库》（*Ackermann's Repository of Fashion*），都是专门关于女性时尚的期刊。其他杂志，比如《女士博物馆月刊》，刊登时尚样板和时尚文章以及其他女性感兴趣的材料。时尚样板，在法国大革命前是不存在的，它们是手工着色的蚀刻画或线条画。时尚样板也出现在印刷的日记和袖珍

①乔治·莫兰的《豚鼠》(*Guinea Pigs*)。照片中的妇女穿着结实、耐用的服装，这是当时下层社会妇女所穿的服装。尽管简和卡桑德拉·奥斯汀也比较贫穷，她们仍会帮助史蒂文顿、迪恩和查顿的贫穷妇女，她们为更贫困的妇女制作衣服并且送给她们一些衣物。简在1798年12月的一封信中写道："我送给了玛丽·哈钦斯(Mary Hutchins)、达姆·基尤(Dame Kew)、玛丽·史蒂文斯(Mary Steevens)和达姆·斯特普尔斯(Dame Staples)一人一双精纺长袜；给了汉娜·斯特普尔斯(Hannah Staples)一件直筒式连衣裙；给了贝蒂·道金斯(Betty Dawkins)一条披肩。总价值相当于半个几尼。"

②卡桑德拉·奥斯汀画的简·奥斯汀。这幅关于简·奥斯汀的水彩画可能是1804年夏天，她的姐姐在莱姆里吉斯(Lyme Regis)画的。它展示了在一个炎热的日子里，简坐在乡下的草地上的画面。她穿着一件高腰连衣裙，戴着一顶没系带子的阔边女帽。阔边女帽最初是乡下的草帽，一条宽带子在帽檐外，系在下巴下面。

书中。这些出版物激起了女性对时尚的兴趣，使她们能够跟上最新的潮流。

下层阶级

下层阶级的收入使得他们负担不起追随时尚潮流的成本。因此，他们通常会穿着实用的衣服，这些也适合他们的日常生活。乡村妇女整天从事家务劳动，还需要负责照顾动物和孩子。为了方便做这些事情，她们穿着粗布或厚亚麻制成的厚实裙子、短花边紧身胸衣，戴着围巾、围裙，或穿着工作服和结实的鞋子。仆人和生活在城镇的下层妇女穿着类似的衣服。

乡村男子穿着长罩衫、短外套和及膝马裤，这些衣服是用粗糙的、土布质地和家染的材料制成的，搭配皮革打底裤和厚底木屐。较穷的市民穿的衣服类似于贵族，但他们的衣服的材质很廉价，通常是用粗毛织物和精纺长袜制成的。

简·奥斯汀与时尚

简在给她姐姐的信中透露了她们对服装和时尚的兴趣。她们买布料来制作自己的衣服，或者让裁缝缝制。简也自己做帽子。

奥斯汀姐妹从她们的父亲那里得到了一笔少量的服装补贴，但这笔钱用不了多久。奥斯汀姐妹不像她们富有的嫂子伊

伊丽莎白·班纳特。当时社会很重要的一点是要遵守一条不成文的规定，即人们应该根据他们在社会中的地位来选择自己的着装。在《傲慢与偏见》中，柯林斯先生在把伊丽莎白·班纳特介绍给凯瑟琳·德·包尔夫人之前，提醒了她这条规矩。伊丽莎白在凯瑟琳夫人面前，穿着过于文雅，那是不合时宜的，因为凯瑟琳夫人喜欢“可以明显展现出社会阶层的衣服”。

丽莎白和伊丽莎，她们买不起最新的时装，也负担不起每一季都买新衣服的开支。因此，她们只好用新的配饰和装饰翻新旧衣服，尽最大努力使自己看起来时髦。当她们的裙子破旧得不能再穿的时候，简和卡桑德拉就把它们改成衬裙。

最新的时尚潮流需要一段时间才能传到农村。在简访问巴斯和伦敦时，她在给卡桑德拉的信中描述了富人和时尚人士穿的衣服。当奥斯汀姐妹在 1801 年搬到巴斯时，生活在时尚圈中却又买不起最新的衣服，这对她们来说一定很煎熬。

小说

令人惊讶的是，一个对时尚如此感兴趣的作家其笔下竟没有对人物所穿服装的描述，甚至很少提到衣服。这让读者必须想象她笔下的人物的穿着，比如与他们的身份和所处场合相称的同时代服装。简·奥斯汀主要关注的是她笔下人物的动机、习性和行动，这也是她所重点描述的。

19

行为举止和礼仪规范

踏着齐踝的泥浆，一个人孤零零地跑了 3 英里、4 英里、5 英里，谁知道多少英里！她这究竟是什么意思？依我看，这表明她狂妄放肆到令人作呕的地步，一点体面也不顾，乡巴佬气十足。

——《傲慢与偏见》，第八章

18 世纪下半叶，人们的教养和礼仪有了普遍的提高。英国采用了文艺复兴时期意大利和 17 世纪法国的做法。良好的举止和遵守正确的礼仪被视为有良好教养的标志，这也将绅士与下层社会区分开来。孩子们从小就被教导要举止得体。为了加强举止得体的理念，人们出版了关于品行方面的书籍，这类书籍的目标受众大多是女孩。

男孩

男孩被教导要彬彬有礼、谈吐自信、语言得体，他们的衣服需要保持干净整洁。他们首先需要学会控制情绪。其次，男孩们需要时刻保持良好的姿态，就连跳舞的时候也要保持优雅。

除此之外，他们应该对同辈和下级和蔼有礼。这些受过良好教育的男孩们，可以对所有事情发表意见。

女孩

人们期望女性符合理想中的完美女士的标准，因此她们从小就被教导去符合这一标准。人们认为女性应该具备的品质是谦逊、感恩、责任感、被动、顺从、温柔和可爱。女孩被教导要温顺乖巧，需要时刻控制自己的情绪，不需要把注意力放在自己身上。

人们不鼓励女性独立自信，并且认为女性的美貌比教育程度更重要。因此，女孩们被教导，任何学识都应该隐藏起来，因为有知识是不女性化的。在所有女性该有的特征里，人们着重强调了女性的贞节。

1766年出版的詹姆斯·福代斯（James Fordyce）的《闺范训话》（*Sermons to Young Women*）和1774年出版的约翰·格雷戈里（John Gregory）的《父亲的赠女遗言》（*A Father's Legacy to His Daughters*）是两本最受欢迎的关于行为举止的书籍。

违反行为准则的女性会受到比男性更严厉的惩罚，因为人们认为女性在道德约束上应该比男人更胜一筹。因此，对女性来说，任何失仪都是非常严重的事情。

对女性的限制

当时的社会对女性有许多限制，其目的是使她们在社会中处于从属地位。一项特别具有约束力的规定是，女性在没有男性陪同的情况下，不能去任何地方。简·奥斯汀和她的姐姐在旅途中需要依靠男性亲戚的陪伴，因此，她们能否出去旅行取决于是否有男伴。有一次，简访问了伦敦后，不得不等父亲从汉普郡赶到伦敦，专门来陪她回家。

行为准则

在不同的场合下，人们制定了不同的行为准则。一个非常重要的规则是，每个人都应该牢记自己的社会地位，不要做不符合自己身份的事。因此，不按照自己的身份来对待别人是失礼的行为。

另外，人们的社会地位决定了他们进入房间的顺序。首先进入房间的是贵族阶层，然后是有头衔的平民及其家人，最后是其他的人。由于婚姻所附带的优越一些的地位，已婚妇女优先于单身妇女。

另一个很重要的礼仪是要知道如何以及在什么情况下称呼别人。通常情况下，家里的大女儿以姓氏被称为 X 小姐，而她

——詹姆斯·吉尔雷（James Gillray）的《三明治勋爵相中了卖花女》（*Lord Sandwich Paying Attention To A Flower Girl*）。尽管文明社会有严格的行为规范，但上流社会的一些成员表现得非常粗俗。酗酒是当时男人们的普遍恶习——“醉鬼”一词就可以追溯到那个时期。上流社会男性的私生活比较淫乱，这是另一种常见恶习。绅士娶情妇、生私生子都是可以被人们接受的，因为私生子并没有给他们带来什么不利影响。这些阶级的男人也把下层阶级的女人视为合法的猎物。尽管他们的这种行为没有受到惩罚，但许多年轻女性的生活却因为被所谓的绅士勾引而彻底毁了。

❶

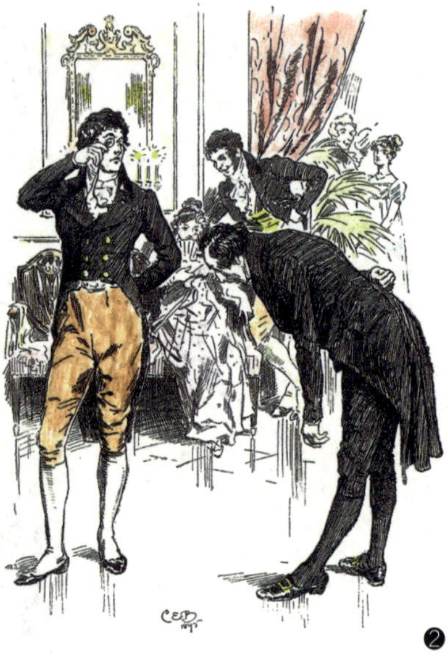

❷

①《理智与情感》中，感情用事的玛丽安在派对上见到威洛比时感到很焦虑。埃莉诺劝她“冷静下来，不要向在场的每个人暴露你内心的感受”。被威洛比冷落后，玛丽安脸色“惨白”，并且站不稳了。埃莉诺担心她快要晕倒，便用薰衣草水使她缓过来，同时试图把她挡在其他客人的视线之外。玛丽安恳求姐姐强迫威洛比过来对他的行为做出解释，她姐姐回答说：“这怎么可能呢？不，我最亲爱的玛丽安，你必须等等。这里不是解释的地方。等到明天吧。”

②达西先生告诉伊丽莎白·班纳特小姐，他最初推迟向她求婚，是因为她的家人缺乏教养：“你母亲家的情况虽然叫人不太满意，但比起你家里那种完全不成体统的情形来，简直无足轻重。你的三个妹妹总是在做一些有损门面的事情，有时候甚至你的父亲也是如此。请原谅我如此直言不讳，其实冒犯了你，我心里又何尝不难受。”

的妹妹们则直呼其名，比如卡桑德拉·奥斯汀被称为“奥斯汀小姐”，而简·奥斯汀需要被称作“简·奥斯汀小姐”。同样的规则也适用于男性。只有家人和亲密的朋友之间才会直呼其名，而地位高的人可以直呼地位低的朋友的名字。只有亲密的朋友之间才允许握手。

人们在相互介绍的时候有严格的规定。社会地位较低的人必须等待被介绍给社会地位较高的人，除非地位较高的人直接来找他们讲话。如果自己没有被正式介绍给社会地位较高的人，那么他就必须保持沉默。当被正式介绍时，鞠躬或行屈膝礼是礼貌的表现，临别时需要再这样行礼。一个人一旦被介绍给他人，两个人就成了熟人。人们对熟人必须通过点头或挥手来致意。忽略熟人是非常粗鲁的行为。

人们的穿着要与他们的社会地位相称。一个人所在的阶级可以通过他的衣着和言谈来辨别。不文雅的行为包括大声喧哗或语句粗俗、打断或垄断谈话，以及沉溺于闲谈。如果一个人使用糟糕的语法，这也表明他缺乏教养。

小说

在简·奥斯汀的小说中，有大量的证据表明上流社会的成员需要遵守相应的行为准则。她阐述了违反规则的严重后果，并取笑了那些犯了轻微过错的人。

❶

❷

①在《傲慢与偏见》中，凯瑟琳·德·包尔夫人虽然是位贵妇，却举止粗鲁。她粗俗、令人讨厌、傲慢、固执己见。她还经常打断别人的谈话，对别人发号施令。当伊丽莎白·班纳特没有被她恐吓到，并同她顶嘴时，凯瑟琳夫人感到非常震惊。她异常气愤，在离开班纳特太太家时拒绝向班纳特太太致意，并宣称："你不配得到这样的关注。我太不高兴了。"

②《爱玛》中的奈特利先生是一位完美的绅士。他对每个人都彬彬有礼、体贴周到，他尊重每一个人，包括社会地位比他低的人。在皇冠酒店（Crown Inn）的舞会上，当哈丽埃特·史密斯（Harriet Smith）被埃尔顿先生冷落时，奈特利先生邀请她跳舞，挽回了她的面子。他不仅能言善辩，还舞技高超——这是绅士需要具备的另外两个品质。奈特利先生与达西先生恰恰相反，达西先生虽然是绅士出身，但行为举止并不总是像绅士。

③莉迪亚·班纳特。当伊丽莎白·班纳特收到她妹妹莉迪亚和威克姆私奔的消息时，她对于这个丑闻的第一个想法是："莉迪亚这种放荡不羁、毫无拘束的性格，必然会影响到我们的社会地位和体面。"莉迪亚·班纳特与威克姆的私奔，要不是达西出面干预，出钱让威克姆娶她，必然会引起轩然大波，损害他们一家的名誉。在乔治王朝和摄政时期的英国，女性必须表现得极其得体，如果女性失去了贞德，那后果便是无法挽回的。由于当时社会的双重标准，表现不得体的男人不会像女人一样遭受同样的痛苦。

——《爱玛》中的博克斯山上的野餐（The Picnic on Box Hill）。爱玛在博克斯山上的野餐中对贝茨小姐（Miss Bates）态度不友好，打破了社会阶层高的人需要尊重社会地位低的人的规则。奈特利先生责备她说："你怎么能那么冷酷无情呢？你是聪明人，怎么能对一个像她那种性格、那个年龄、那般处境的女人那么傲慢无礼呢？她家境贫困，她出生时家里还挺宽裕，后来就败落下来了，到了晚年也许还会更加潦倒。她的处境应该引起你的同情。"爱玛对奈特利先生的话的真实性感到震惊和痛心。"她苦恼得无法形容——几乎也无法掩饰。她长了这么大，还从来没有因为什么事而如此激动、如此懊恼、如此伤心过。"

真正的绅士以其良好的行为举止和遵守正确的礼仪规范而著称。《爱玛》中的埃尔顿夫人（Mrs Elton）和《理智与情感》中的露西·斯蒂尔（Lucy Steele）是打破行为举止规则的两个例子。粗俗、傲慢、令人难以忍受的埃尔顿夫人通过大声、傲慢、霸道的谈话打断别人，并不断地把话题带回到自己身上，试图成为关注的焦点，暴露出她极其缺乏教养。埃尔顿夫人用“奈特利”来称呼奈特利先生，没有正确地使用他的姓氏和头衔，这显示了她的无知。她还经常夸耀她姐姐和姐夫的财富、马车和产业。讽刺的是，尽管埃尔顿夫人自诩温文尔雅，但她却宣称自己“相当害怕暴发户”。

露西·斯蒂尔和她几乎不熟的埃丽诺·达什伍德谈论她的私事，显示出她缺乏教养。她糟糕的语法也表明了这一点——她有时使用错误的单词和不正确的动词形式。与露西不同，埃丽诺为人谨慎。在得知露西与自己深爱的男人爱德华·费拉斯（Edward Ferrars）秘密订婚时，埃丽诺尽管感到震惊和痛苦，她也克制着自己的感情。

奥斯汀还阐述了一些坚强的女性如何反抗约束她们行为的规则。她指出，并不是所有的女性都适合温顺、顺从和被动的“完美女性”的模板。例如，伊丽莎白·班纳特理智、勇敢、独立、直率。就连盛气凌人、令人生畏的凯瑟琳·德·包尔夫人也被说服了，因为伊丽莎白当时下定决心不让任何人妨碍她嫁给达西先生。

20

求偶、恋爱、结婚

有钱的单身汉总要娶位太太，这是一条举世公认的真理。

——《傲慢与偏见》，第一章

谁会怀疑事情的结局呢？无论哪两个青年人，一旦打定主意要结婚，他们准会坚定不移地去实现这个目标，尽管他们是那样清贫，那样轻率，那样不可能给彼此带来最终的幸福。

——《劝导》，第二十四章

婚姻制度在乔治和摄政时期的英国非常重要。它支撑了一个强大、稳定的社会，保护了土地所有权，并有助于为后代保留祖传遗产。

婚姻是中上层阶级女性唯一重要的人生目标，除非她们非常幸运地能够在经济上独立。由于长子继承的习俗，女性很难继承家里的财富，她们被排除在职业和公职之外。人们认为女性工作是不合适的，她们的就业机会被限制在付费旅伴或家庭教师这类有辱人格的角色上。有些女性，像简·奥斯汀，靠写小说赚钱，但是以这种方式远远不足以谋生。女性在经济上仍然依赖于男性，因此，婚姻是她们脱离父母、拥有自己的家庭、获得已婚妇女的地位和尊重以及避免被冠有“老处女”的污名的唯一途径。

包办婚姻

这时仍有一些包办婚姻，但比 18 世纪早期要少得多。主要是上层阶级的人保留这一习俗，这么做的几个原因如下：为了合并两个家庭的财富，偿还债务，将金钱和土地保留在他们的社会阶层之内，防止他们的地位被社会底层的人渗透。

这时的年轻人在选择结婚对象方面有了更多的自由。人们意识到婚姻幸福的重要性，女孩们的父母也意识到女儿有权拒绝嫁给她们不喜欢的男人。然而，父母们仍然希望女儿能咨询他们的意见，征求他们的同意。父母们还是会对他们的孩子有一定的控制，为了确保他们的孩子只会见他们认可的异性成员。

结婚的动机

由于女性在经济上对男性的依赖，经济因素在选择婚姻伴侣时起了很大的作用。许多婚姻是爱情和经济交易的结合。再加上人们对做老处女的恐惧，这些都促使年轻女性有了尽快结婚的想法。一个女人如果在 25 岁左右还没结婚，就会被认为是“剩女”（on the shelf）。这种耻辱非常之大，以至于人们普遍认为拥有一段糟糕的婚姻总比没有结婚好。老处女被认为是社会的失败者，会给她们的家庭带来耻辱。由于她们没有完

弗朗西斯 · 惠特利（Francis Wheatley）画的《乡村婚礼》（*A Country Wedding*）。卡罗琳 · 奥斯汀是她同父异母的姐姐安娜婚礼上的伴娘。安娜于 1814 年 11 月嫁给了本 · 勒弗罗伊。他们的婚礼，就像当时大多数婚礼一样，非常安静、祥和。安娜穿着一件精美的白色薄纱连衣裙，披一条白黄相间的丝绸披肩，上面绣着白色缎子花。她还戴了一顶镶有蕾丝边的帽子。婚礼在史蒂文顿教堂举行，之后是一个简单的婚礼早餐。

成上天赋予她们需要结婚生子的使命，因此她们被认为是不遵循自然规律的。由此一来，老处女面临着贫穷、孤独和成为男性亲属负担的风险。然而，老处女的污名似乎只适用于不太富裕的人；有钱的女人单身是完全可以被人们接受的。

18 世纪随着社会发展，女性的数量越来越多，开始超过了男性。这种“剩女”的恐惧是非常实际的，因为没有足够的适婚男性供她们选择。这是由于男婴的死亡率较高、男子在战争中丧生以及没有足够的男子在国外作战。总而言之，男性选择保持单身也很正常，因为单身并没有给他们带来任何耻辱。男人完全可以等待一个拥有丰厚嫁妆的女人，在此期间可以选择找个情妇或找个妓女。

嫁妆

由于婚姻是一种经济安排，新娘的父母需要为年轻夫妇的未来贡献一份嫁妆。新娘有权终身享有这笔钱的利息，并可以把它留给她的子女。如果她不幸守寡，她也可以用这笔钱养活自己。嫁妆丰厚的年轻女子择偶的选择更多，她们理想的对象是简·奥斯汀在《傲慢与偏见》的开篇就提到的“拥有大笔财富的单身男子”。在竞争激烈的婚姻市场中，嫁妆很少或根本没有嫁妆的女性处于非常不利的地位。她们常常被迫接受任何她们收到的求婚，并坚信自己会慢慢爱上自己的丈夫。

—— 威廉·霍加斯（William Hogarth）的《社交婚礼》（*A Society Wedding*）。许多上层社会的夫妇都是通过“特许结婚证”结婚的。这一昂贵的选择允许他们在任何时间、任何地点结婚。在《傲慢与偏见》中，伊丽莎白的母亲一听说伊丽莎白要嫁给达西先生，兴奋地嚷道：“还有特许结婚证——你当然要用特许结婚证结婚。”小说中并不清楚班纳特太太是否能如愿以偿，也不清楚这对年轻夫妇是否按照当地教堂要求举行了普通婚礼。

女子进入社交圈

一位年轻的女士在结婚前要经历好几个阶段。第一个是在16岁的时候，她们第一次进入社交圈。对于上层社会的女孩来说，这种情况发生在她们被介绍到社交圈之后。在她们母亲的帮助下，她们会从自己的社会阶层中挑选合适的婚姻伴侣。中产阶级的女孩会在正式的舞会上迈入社交圈，要么是在私人舞会，要么是在公共会场。年轻男子必须小心，不要对一个还没步入社交圈的女孩表现出兴趣。这样的姑娘总是有一个监护人陪着，她们在社交场合都是娴静、孤僻的，出门时戴一顶端庄而又贴身的帽子。一旦女孩们步入社交圈，她们就会在社会上表现得很自信，并被允许加入谈话中。

男性到21岁就成年了。这是因为一个男人只有在能养活妻子并能经营自己的家庭时才能去寻找妻子。小儿子们需要在某个行业或其他体面的职业中站稳脚跟。在一个年轻男子成年之前，他需要父母的同意才能结婚。

求偶

求偶时要遵守一定的行为准则，细心的父母会确保孩子们遵守这些准则。首先，一个年轻的女士不能表现出任何寻求丈夫的迹象。其次，男人必须主动去求婚。恋爱中的情侣不能单独待在一起，也不能在舞会或聚会上一起坐太久，还不能称呼对方的教名，更不能给对方写信或交换礼物。他们可以在社交场合一起唱歌，最多一起跳两支舞，跳舞时还得戴手套。如果违反了以上任何一条规定，就可以认为这对情侣已经“达成了协议”。这些限制使求偶变得困难，因为这些限制让人们很难发觉有人爱慕自己。但他们可以通过口头调情和交换意味深长的眼神来巧妙规避这些限制。

求婚和订婚

通常，一对情侣第一次单独相处时是求婚的时候。女人有权接受或拒绝求婚。如果女方接受了这个求婚，下一步就是要征求双方父母的同意。在当时，订婚是一件非常严肃的事情，因为它被视为一种契约。只有女人可以解除婚约，但这可能会招致流言蜚语，导致她的名誉受损。秘密约会是不被社会接受的，

—— 托马斯·罗兰森画的《私奔》（*The Elopement*，耶鲁大学英国艺术中心，保罗·梅隆收藏）。对于那些不到 21 岁、未经父母同意就结婚的人来说，只有一个选择——私奔到苏格兰（Scotland）边境的格雷特纳格林（Gretna Green）。在婚姻法不那么严格的苏格兰，父母的同意对于婚姻来说是不必要的。私奔到格雷特纳格林需要勇气，因为这是非常大的丑闻，这会损害这对夫妇及其家庭的声誉。当《傲慢与偏见》中的莉迪亚·班纳特与威克姆私奔时，她的家人急迫地想找到这对夫妇，他们担心这对夫妇正在前往格雷特纳格林的路上。

BOAR
SCH
YOUNG

—— 伊丽莎·汉考克，简·奥斯汀的表妹。许多做女儿的人，包括伊丽莎在内，嫁人是为了取悦父母。在描述她的第一次婚姻时，她与富有的德·费伊里德伯爵（Count de Feuillide）让·卡波特（Jean Capotte）结婚，伊丽莎写道："在这一步上，与其说是我自己的判断，不如说是我必须遵从那些人的建议和意见。我相信我永远不会后悔。"伊丽莎的第二任丈夫是简·奥斯汀的哥哥亨利，她是因爱情而嫁给他的。简相信每个人都有权利为了爱情而结婚一次。

但如果有家庭不赞成这门亲事，有时也会发生这种情况。

订婚后的两个家庭需要拟订婚约。这些都很重要，因为一旦结婚，女性的法律和经济权利就转移给了她的丈夫。这一协议规定，如果丈夫去世，妻子和他们的任何子女都应得到照顾。

一对夫妇结婚时需要结婚证和宣读结婚预告。他们的婚礼被限制在其中一人所属的教区，除非他们获得了“特许结婚证”。未经父母同意，一对情侣可以私奔到苏格兰边境的格雷特纳格林，那里的婚姻法更为宽松。然而，这是有风险的，因为它可能会毁掉一个家族的声誉，而且不会有任何财务协议。

婚礼

这一时期的婚礼通常很安静、低调，只有家人和一些亲密的朋友参加。除非获得“特许结婚证”，否则婚礼在宗教时间的上午 8 点半到中午这一时间段举行。婚礼之后是简单的早餐和结婚蛋糕。新娘不必穿白色。有颜色的衣服是可以接受的，这并不表示新娘失去贞洁。新郎会穿着他最好的西装。

新娘的父母会给新娘买一衣橱的衣服，让她在成为妻子和家庭主妇的时候穿。按照传统，新郎会买一辆新马车，以此开启婚姻生活。婚礼之后，新婚夫妇通常去度蜜月，也被称为新婚之旅。在此期间，他们有时会拜访一些没有参加婚礼的亲戚。

离婚

如果一段婚姻并不幸福，人们除了忍受之外，几乎别无选择。离婚是非常困难和昂贵的，因为每一种情况都需要通过私人的议会法案。这也会引起极大的丑闻，使有关联的家庭蒙羞。离婚揭示了当时普遍存在的双重标准，一个男人可以因为妻子通奸而离婚，但妻子却不能因为同样的原因而离婚。这是为了防止妇女非婚生子并继承财产。离婚对一个女人来说是灾难性的，因为离婚不仅会导致她失去她的家庭，还会导致她的孩子和她都失去社会地位。

下层阶级

只有下层阶级的人们才有真正的自由来选择结婚的对象和时间。他们的父母干预较少，因为他们几乎没有嫁妆或遗产可以留给孩子。对穷人来说，寻求父母的同意只是一种形式。

下层社会的妇女在婚前和婚后都要工作。一对夫妇一旦共同攒够了建立家庭的钱就结婚。女人的贡献不一定是钱，还可能是家禽、动物或家庭用品。当地社区经常筹集资金或有用的物品，以帮助年轻夫妇开始共同生活。

—— 汤姆·勒弗罗伊（Tom Lefroy）。汤姆是汉普郡阿什（Ashe in Hampshire）的乔治·勒弗罗伊牧师（Reverend George Lefroy）的侄子。1796 年冬天，他与简·奥斯汀有过一段短暂而浪漫的友谊。这件事被勒弗罗伊夫妇扼杀在萌芽期，因为汤姆在一位富有的叔叔的资助下，正在伦敦学习，准备当律师。一个贫穷的乡村牧师的女儿不太适合做汤姆的妻子。1799 年，汤姆娶了一位富有的女继承人。他最终成为爱尔兰首席大法官（Lord Chief Justice of Ireland）。

❶

❷

①伊丽莎白·班纳特和达西先生。任性而勇敢的伊丽莎白·班纳特拒绝遵从社会对年轻女性的期望。她不喜欢女性在男权社会不得不做出的妥协和牺牲。伊丽莎白通过拒绝柯林斯先生的求婚和达西先生的第一次求婚来证明自己。伊丽莎白还勇敢地直面盛气凌人的凯瑟琳·德·包尔夫人，后者试图阻止她嫁给自己的侄子达西。伊丽莎白告诉她："我认为怎样做会幸福，就怎么样做，你管不了。"凯瑟琳夫人听到一个社会地位低微的人这样对她说话，倍感吃惊。和奥斯汀小说中所有的女主人公一样，伊丽莎白是为了爱情而结婚的。

②夏洛特·卢卡斯和柯林斯先生。在《傲慢与偏见》中，27 岁的夏洛特·卢卡斯被人们认为是"剩女"。当伊丽莎白·班纳特拒绝急于寻找妻子的柯林斯先生时，她看到了自己找到丈夫的机会。夏洛特为自己赢得了和柯林斯先生结婚的机会。她"心如明镜"般地走进这段婚姻，知道自己既不爱也不尊重自己的丈夫。通过精心策划的婚姻，夏洛特逃脱了成为老处女并不得不找一份有辱人格的工作的命运。在简·奥斯汀时期的英国，大多数单身女性都要忍受污名和贫困，一些女性为了摆脱这种处境，付出了极大的努力。

简·奥斯汀与婚姻

简·奥斯汀在婚姻市场上处于不利地位，因为她的父亲付不起丰厚的嫁妆。作为一个贫穷的教区牧师的女儿，她的社交圈里的大多数男人也不会认为她是一个潜在的妻子人选。简相信相爱在婚姻中是很重要的。当她的侄女范妮就自己和一个年轻人的关系征求她的意见时，她建议范妮说："没有什么能比没有爱情的束缚更痛苦了，比如被一个人束缚而又喜欢另一个人。"

简差点儿嫁给了一个她不爱的男人。1802 年，当她住在朋友阿莱西娅和凯瑟琳·比格（Catherine Bigg）的家里时，她们的哥哥出人意料地向她求婚，她当时接受了。哈里斯·比格-威瑟（Harris Bigg-Wither）是一个富人的儿子和继承者。如果嫁给他，简的经济生活就有了保障，并会成为一所大房子的女主人。

然而，接受求婚后，简又重新考虑了一下，很快收回了她的应允。她意识到她不能拿自己的幸福冒险而嫁给一个她不爱的人。简的姐姐以为她会嫁给另一个人。有一年在德文郡度假时，简遇到了一个男人，她和他有过一段短暂的假期恋情。那个人被她迷住了，想再和她见面，但还没等他们见面，他就意外地死了。没有记录表明简有过任何一段浪漫的邂逅，她一直没有结婚。

——《爱玛》中的贝茨小姐是当时英国许多永久单身女性的一个例子。贝茨小姐早已过了适婚年龄，因此被视为老处女。她是已故海布里教区牧师的女儿，牧师去世后，她的日子过得很艰难。她只是上流社会的一员，因为她以前是一个职业人士的女儿。贝茨小姐虽然开朗善良，对那些向她表现出善意的人始终心存感激，但她却被描绘成一个被嘲笑和怜悯的对象。简·奥斯汀在这部小说中指出，只有贫穷才会引起这样的负面反应："富有的独身女人是被人敬重的，她能够像其他人一样知书达理，人们都会喜欢她。"

小说

女性在寻找丈夫时所面临的困难和遭遇的困境是简·奥斯汀小说的一个重要主题。

在《傲慢与偏见》中，简探讨了嫁妆很少的女性遇到的问题。班纳特姐妹就属于这一类，这也解释了她们的母亲为何急于让她们尽快嫁人。这样的女人必须具备一些补偿性的品质，比如漂亮或多才多艺。简·班纳特和伊丽莎白·班纳特都以她们的美貌和优秀的性格弥补了她们嫁妆不足的缺陷，这样她们才能够吸引富有的钻石王老五。

夏洛特·卢卡斯（Charlotte Lucas）的嫁妆也很少，虽然她“懂事又聪明”，但她缺乏美貌和青春。在伊丽莎白拒绝柯林斯先生后，夏洛特不光彩地打算赢得他的欢心。为了得到“舒适的家”，她是有意冒这个险的。“舒适的家”正是夏洛特所渴望的，她准备为了得到它而忍受讨厌的柯林斯先生。

在简·奥斯汀的两部小说中，她都阐述了秘密交往的危险。《爱玛》中的简·费尔法克斯（Jane Fairfax）和弗兰克·丘吉尔（Frank Churchill）秘密订婚，这导致了诡计、欺骗和误解。在《理智与情感》中，当埃莉诺·达什伍德发现她爱的男人爱德华·费拉斯（Edward Ferrars）与露西·斯蒂尔（Lucy Steele）秘密订婚时，她感到非常心痛。

——温彻斯特，学院街（College Street）的 8 号客厅。简 · 奥斯汀在这里度过了她最后的时光。她的姐姐卡桑德拉和嫂子玛丽负责照顾她。卡桑德拉在给侄女范妮 · 奈特（Fanny Knight）的信中描述了简生命的最后几个小时："从那时起直到四点半，她停止了呼吸，几乎没有挪动过四肢。因此，我们有充分的理由认为她的苦难已经结束了，感谢万能的上帝。她每次呼吸，头都会有轻微的晃动，直到最后一口气……我能够亲自为她闭上眼睛，帮她做这最后的事，对我来说是极大的宽慰。"

在《傲慢与偏见》和《曼斯菲尔德庄园》中，简·奥斯汀讲述了一个女人因为不爱求婚的男人而拒绝他所需要的力量和勇气。伊丽莎白·班纳特和范尼·普莱斯都拒绝嫁给她们不爱的男人，等待找到合适的男人。

《劝导》中安妮·埃利奥特的故事说明了在选择婚姻伴侣时遵从内心的重要性。安妮·埃利奥特与她爱的男人弗雷德里克·温特沃斯解除了婚约，因为她听取了其他人的建议，这些人担心他的财务状况。安妮很幸运地在八年后再次遇见了温特沃斯。当时他的情况有所改善，他们之间又重燃了爱火。

简·奥斯汀相信爱情在婚姻中的重要性，这一点在她所有的小说中都清晰可见。她笔下的女主人公克服了她们面临的障碍，为爱情而结婚。为爱情而结婚也是基于双方对彼此的真实了解。

21

简·奥斯汀去世后的小说和她与日俱增的名声

与许多作家不同的是，奥斯汀小姐去世后声名鹊起。简的第一次露面并没有引起很大反响，公众花了时间来决定是否接受她的作品。然而，她并没有把幸福的希望寄托在成功或失败上，她只满足于当时的状况。

——摘自《奥斯汀小姐的回忆录》（1833 年）中引用的一篇杂志评论

1817 年 7 月 18 日，简·奥斯汀在温彻斯特学院街 8 号逝世，也就是摄政时期结束的前三年。几天后，她被安葬在温彻斯特大教堂（Winchester Cathedral）。很可能是简当牧师的兄弟们的朋友安排她葬在那里。她的墓碑上的铭文提到了她“非凡的天赋”（extraordinary endowments），但并没有提到她是一位作家。在写下碑文时，简还未被认为是一位伟大的作家。

亨利·奥斯汀，作为简·奥斯汀的文学执行人，为她安排出版了两本她生前未出版的小说，书名为《诺桑觉寺》和《劝导》。它们在 1817 年年底由詹姆斯·默里（James Murray）共同出版，共分四卷。和简的其他小说一样，她的名字并没有出现在扉页上，但亨利附上了作者传记（Biographical Notice of the Author），他为后人明确了简·奥斯汀是这六部小说的作者。

①简 · 奥斯汀的纪念碑。简 · 奥斯汀的纪念碑位于她的坟墓旁，上面写着：“简 · 奥斯汀出生在汉普郡的史蒂文顿，许多人都知道她的作品，她因多样的个人魅力而深受家人的喜爱，因虔诚的基督教信仰而变得崇高。公元25年12月16日葬于此大教堂。‘她开口便是智慧，她的舌头上流淌着善良的法则。’”

②简 · 奥斯汀的坟墓，位于温彻斯特大教堂北走廊。19 世纪中叶，许多游客要求参观简 · 奥斯汀的坟墓，这令大教堂的一个司事感到困惑。“这位女士有什么特别之处吗？”他问道。虽然墓碑上的铭文提到了简的“非凡天赋”，但并没有提到她是一位作家。当时，简还没有被视为一位伟大的作家，她的家人也认为这一点不值一提。

1833年，理查德·本特利出版了他的一卷标准小说系列中的所有小说。其中收录了一本由亨利·奥斯汀撰写的《奥斯汀小姐的回忆录》（*Memoir of Miss Austen*），这是他于1817年撰写的作者传记的修订版和加长版。

尽管简的天赋只得到了少数人的认可，但她的名气却是逐渐增长的。在维多利亚时代（Victorian period）早期，她的小说并不像夏洛蒂·勃朗特（Charlotte Bronte）、查尔斯·狄更斯（Charles Dickens）和伊丽莎白·盖斯凯尔（Elizabeth Gaskell）的小说那样受欢迎。简的作品被许多人认为是肤浅的，她也被人们认为是相当拘谨、冷漠和迂腐守旧的。然而，随着时间的推移，她的名声日益增长。根据一份评论杂志的说法，她被公认为伟大作家，“与其说是评论家的功劳，不如说是大众的功劳”。

到19世纪60年代，简的小说非常受欢迎。不久后，她的读者想更多地了解她的生活和性格。人们开始到她的墓前扫墓。大约在这个时候，她的侄子詹姆斯·爱德华·奥斯汀-利（James Edward Austen-Leigh）决定为家族的后代写一本关于他姑姑的传记，以满足人们对她日益增长的好奇心。他关于简·奥斯汀的回忆录于1869年出版，无论是在英国还是国外，都取得了非常热烈的反响，该书的第二版于1871年出版。这些书赚取的利润被用来购买了一座铜质纪念碑，碑上提到了简·奥斯汀的作品。这座纪念碑于1872年放置在她的墓旁。

—— 詹姆斯·爱德华·奥斯汀－利的《简·奥斯汀回忆录》第二版的卷首插图。简·奥斯汀的第一部传记是她的家人为了记录对她的记忆而写的，随着她名声的增长，人们对她的生活和性格的了解欲日益增加。詹姆斯·爱德华写这本书的另一个原因是，他不想让家族之外的人为他的姑姑写第一部传记。由于这本回忆录反响热烈，不久之后又出版了第二版，即加长版。

1884年，简的侄孙、范妮·奈特的儿子布拉伯恩勋爵（Lord Brabourne）出版了他继承的大量的简的信件。这本两卷本的书信集附有一篇传记文章和一篇小说评论。

人们对简作品的兴趣和对她生活的兴趣一直持续到20世纪，她的作品受到了人们狂热的追捧。后来又出版了两本关于简的家族的传记。1947年，查顿小屋变成了一座献给简的博物馆。在她的小说以及六个令人愉快的爱情故事中，简·奥斯汀描绘了一幅生动而迷人的乔治王朝晚期和摄政时期英国中产阶级的生活画面。在她去世200年后的21世纪，这些小说仍然被人们阅读和喜爱。